KB269346
KB269346

별똥별이
의미 없이
떨어진 자리

별똥별이 의미 없이 떨어진 자리
– 농촌교회, 오곡리 새곡교회 이야기

초판 인쇄 2010년 7월 28일
초판 발행 2010년 8월 5일

지은이 김남철
펴낸곳 도서출판 동연
펴낸이 김영호
기   획 김서정
편   집 조영균
디자인 김광택
관   리 이영주

등   록 제1-1383호 (1992. 6. 12)
주   소 서울시 마포구 망원동 472-11
전   화 02-335-2630
팩   스 02-335-2640
홈페이지 www.y-media.co.kr
이메일 ymedia@paran.com

ISBN 978-89-6447-104-3   03200

별똥별이 의미 없이 떨어진 자리

농촌교회, 오곡리 새곡교회 이야기

김남철 지음

동연

이 땅의 작은 교회들이 건강해야 한국 교회가 건강합니다

최일도 목사(시인, 다일공동체 대표)

작지만 건강하고 아름다운 교회가 있습니다.

성도의 수와 건물 크기가 그 교회의 전체가 아니기에, 부르심을 받은 성도의 코이노니아가 진정한 교회의 교회다움이기에 새곡교회 이야기가 주는 감동은 남다릅니다.

이 땅의 작은 교회들이 건강해야 한국 교회의 건강함을 이야기할 수 있습니다.

초의 능력은 크기에 있지 않고 자신을 불사르는 데 있습니다.

자신을 내어놓는 헌신이 있는 교회,

그런 목회자와 주의 일꾼들이 넘쳐나는 교회.

새곡교회는 이 땅의 작은 교회에 희망과 용기를 주는 한 줄기 빛과 같습니다.

마을에서 일어나는 크고 작은 일상들이 모두 나의 일이 되어 어느 집에서 도배를 한다거나, 누가 아프다거나, 누구네 집에 경사가 났다고 하면 그게 바로 우리 마을 전체의 일이자, 우리 집의 일이 되는 사랑의 공동체.

새곡교회 이야기를 담은 이 책은 바로 그런 아름다운 공동체 교회의 이야기입니다.

새곡교회 이야기를 읽는 순간, 당신도 농촌 교회와 작은 교회를 향한 중보기도를 잊지 않게 될 것입니다.

따뜻하고 인간미 넘치고, 사랑과 존경받는 목사님!

정태봉(묘동교회 담임목사)

김남철 목사님과는 1990년대 초부터 4년 동안 동역자로서 묘동교회를 섬겼었습니다. 제가 알기로는 김 목사님은 일반 신학생들과는 달리 늦깎이로 신학공부를 시작하셨는데, 신학하기 이전에는 집안 형편이 어려워 안 해본 일이 없이 숱한 고생을 했다는 이야기를 들었습니다. 그래서였을까요, 김 목사님은 저의 동역자로서 저희 교회를 섬기는 교우들에게 참으로 따뜻하고 인간미가 넘치는 목사님으로 사랑과 존경을 받았습니다. 특별히 육신적으로나 경제적으로 어려움을 겪고 있던 교우들에게 목사님 자신의 힘들었던 경험을 바탕으로 잘 위로해 주시고 또한 잘 상담해 주셔서 지금도 김 목사님을 그리워하는 교우들이 많습니다.

그러던 중에 때마침 김 목사님의 고향 근처에서 새문안교회가 교회를 개척하게 되었습니다. 김 목사님은 농촌에서 새곡교회를 섬길 수 있도록 하나님께서 기회를 주시고 벌써 십 수 년 동안 신실하게 목회할 수 있어서 하나님께 감사를 드릴 뿐입니다. 그동안 알게 모르게 마음고생도 겪었던 것으로 압니다. 하지만 김 목사님은 원래 성실한 성품이었기에, 어려운 중에서도 연세대학교 대학원에서 상담학을 전공하여, 지역 주민들을 위해 많은 수고를 해오고 있다는 소식에도 늘 자랑스럽고 감사한 마음입니다. 그동안 겪었던 어려움을 돌이켜 보건데, 아마도 주님이 김 목사님을 더욱 크게 쓰시려는 계획이 아닐까 하는 생각을 해봅니다.

가끔씩 연락을 주고받으면서 주님의 동역자로서 기도를 하게 됩니다. 교회 텃밭에다가 곡식을 심기도 하면서 때마다 감자를 비롯한 농작물에 사랑을 가득 담아 보내주시는 바람에 더욱 잊지 못하고 있습니다. 이번에 농촌목회를 하면서 경험하였던 이야기를 책으로 출판한다는 소식을 들었습니다. 추천의 글을 부탁받고는 기쁜 마음을 담아서 추천의 글을 적습니다. 글 한편 한편이 세련되거나 하지는 않지만 투박한 그대로, 여러 그리스도인들과 현장 목회자들이 꼭 들어야 할 이야기가 담겨 있습니다. 김 목사님이 아니라면 펴내지 못할 책일 터이니, 귀하고 귀한 책을 펴내게 되어 그저 감사할 뿐입니다. 김 목사님의 따뜻한 향기가 느껴지는 목회 이야기에 진심으로 격려와 축하를 보냅니다.

농촌 교회, 농촌 목회 이야기

김남철((전)새곡교회 담임목사)

1995년 10월. 나는 고향인 당진군으로 내려왔다. 목회지를 위해 기도해 오다가 농촌 교회를 선택한 것이다. 농촌 목회는 전원생활이 아니다. 나 또한 힘들리라는 걸 알고 있었다. 내 몸 하나 훌쩍 내려가면 끝나는 일이 아니었다. 지인들은 아이를 위해 모두들 서울로 가는데 거꾸로 시골로 내려가느냐고 만류를 했다. 당시 초등학교를 다니고 있던 아들과 시골 생활이 낯선 아내를 생각하니 더욱 망설여졌다. 하지만 나마저 주저하면 누가 그 소명을 담당할 것인가 하는 생각이 들었다. 가족에게 속내를 털어놓았다. 아내는 내 목회철학을 누구보다도 이해해 주었기에 묵묵히 이해의 눈빛을 보냈다. 아들에게는 "자신의 인생을 살아가는 것은 주변 환경보다는 결국 자신이다, 시골에 가서 중·고등학교를 다녀도 인생을 얼마든지 행복하게 살 수가 있는 것이다"는 이야기로 설득했다. 어렸지만, 아들도 별다른 반대를 하지 않고 따랐다.

당진군 송악면 오곡리 바름이 동리. 그곳으로 내려온 지 15년이 되었다. 강산이 바뀌는 속도가 빠른 요즈음으로 치면 세 번은 바뀌고도 남았을 시간이 흘렀다. 사람들의 우려에도 불구하고 우리 가족은 나름대로 시골 생활에 잘 적응했다. 아들 또한 그동안 대학을 졸업했고, 어엿한 직장에도 다니고 있다. 물론 그 기간에 어찌 곡절이 없었으랴. 살아가는 데는 기쁨과 슬픔이 있고, 행복과 불행도 있기에 삶이 더 아름답게 느껴지는 것은 아닌가. 이 책은 그 아름다움의 이야기이기도 하지만 곡절의 이야기이다.

쓰레기가 널려 있던 야산. 15년 전 나는 그 터를 닦고 새곡교회를 세웠다. 한 명의 교인도 없이 새문안교회의 지원으로 교회를 개척했다. 그야말로 새곡교회의 시작은 광야에서의 고난이었다. 엎친 데 덮친 격으로 터를 닦고 예배당을 짓는데 건축업자가 부도를 내고는 잠적해 버렸다. 나는 자재를 납품한 업자들에게 밤낮으로 시달려야 했다. 심지어 문짝까지 떼어 갔다. 조립식으로 두 달이면 짓는다던 예배당을 여덟 달이 지나서야 지을 수 있었다.

절골이라고 불리는 곳이었기에 교회를 세워 복음을 전하기에는 쉽지 않은 곳이었다. 겨우 두 명을 앉혀 놓고 드린 개척예배는 물론이고, 아이들을 데리러 가다 눈길에 미끄러져 봉고차가 고랑에 처박혔던 일, 폭우에 축대가 무너졌던 일, 지역 주민들과 함께 팔 걷어붙이고 농사를 지으며 복음을 전하던 일. 하지만 이런 문제는 당연한 고난이려니 여기며 기쁘게 맞을 수 있었다.

문제는 다른 곳에 있었다. 새곡교회의 모교회였던 새문안교회는 충남노회 유지재단과 새곡교회 부지 사용임대차계약을 체결한 땅에 대해 교회 이전을 요구했다. 세곡교회를 세운 지 3년 만의 일이었다. 새곡교회가 교회로서의 역할을 하기에 위치와 여건이 좋지 않다는 이유였다. 하지만 그 속내는 자본주의 시장경제에 편입되어 돈이 안 되는 교회, 단기간에 교인의 수가 불지 않는 교회는 발을 디딜 곳이 없다는 것이었다. 하나님이 세운 교회. 그 교회를 인간의 얄팍한 계산으로 목숨 줄을 끊으려고 하다니.

나는 농촌의 현실을 그간 잘 알고 있었고, 바름이 동리에 새곡교회가 꼭 필요하다는 사명도 뜨거웠다. 새문안교회의 요청을 거부하자 충남노회를 통해서 압력을 넣기 시작을 했다. 심지어 당시 새문안교회에서 매월 90만 원씩 지급되던 생활비도 끊겼다. 생활이 궁해지면 결국 사임할 것이라는 생각이었을 것이다.

하지만 나는 교회 설립을 노회에 요청했다. 세례 교인이 20명이 넘었고 새문안교회가 충남노회 유지재단에게 무상 임대차 사용계약서를 작성해 주어서 노회 가입을 한 기도처였고, 또한 내가 충남노회 전도목사였기에 행정적으로는 아무 문제가 없었다.

하지만 나는 노회 정치부에서 교회 설립을 거부당했다. 여러 번 상정을 해서 노회에서 교회 설립이 허락되었음에도 노회 임원회에서는 교회 부동산이 완전히 유지재단에 등기 이전을 하지 않았기 때문에 교회 설립을 해 줄 수 없다고 하여 교회 설립도 하지 못하였다. 상가 교회도 임대 계약서를 근거로 교회 설립을 허가해 주는데 무상 임대차 계약서로는 교회 설립을 할 수가 없다는 이해할 수 없는 조치에 화가 나기도 했다. 그러나 교회 설립을 계속 청원하여서 결국에는 교회 설립 예배를 드렸다. 2005년도의 일이니 오랜 청원 끝에 얻은 결실이었다.

그러나 그것도 잠시였다. 새문안교회는 충남노회를 통해서도 새곡교회를 폐쇄할 수 없자 급기야 나와 새곡교회를 피고인으로 소송을 제기하였다. 교회 명도 이전 소송이었다. 새곡교회는 법적으로 새문안교회 소유이기에 교회에서 나가라는 요구였다. 새문안교회 당회장인 이수영 목사의 이름으로 소장이 날아왔다. 한국 교회의 어머니 교회라고 자부심을 가진 새문안교회는 농촌 교회를 사회법으로 판단하여 폐쇄를 했다. 쇠고랑으로 자물쇠를 채우고 기다란 피스 못으로 창문과 문들을 고정시키고는 사진을 찍어 갔다. 교회 현관 옆에 달려 있던 동판도 떼어 갔다. 그 동판에는 "새문 안교회 ㅇㅇㅇ 집사 부부가 헌납한 터 위에 새곡교회를 세워서 하나님께 헌납합니다"라고 씌어 있었다.

나는 농촌지역에서 목회를 시작하면서 짧은 단상을 써왔다. 시골 목회의 애틋한 아름다움을 '새곡 이야기'라는 이름으로 인터넷 홈페이지에 (http://www.saegog.or.kr)에도 실어 왔다. 물론 알음알이로 읽었기에 읽은 사람이 많지는 않았다. 스무 명 남짓한 신앙공동체의 이야기. 속도를 가늠하기 어려운 시대에 그 이야기에 귀 기울이는 사람이 많지 않았지만 작은 이야기를 더 많은 사람이 읽어 주었으면 하는 바람이었다. 또한 시골 교회가 세워지고, 새싹이 자라듯이 푸르게 성장하는 과정을 기록하여 후일 같은 길을 걷겠다는 목회자들에게도 도움을 주게 되기를 꿈꿨다.

새곡교회 이야기는 이제 한국 교회의 현실을 보여주는 단면이다. 대형화 권력화 금권화되어 가는 한국 교회의 후미진 곳에서 이름 없이 사라진 한 시골교회의 이야기이기에. 하나님의 뜻으로 세워진 교회, 주님의 복음의 소리로 꽃을 피우던 교회, 하지만 누구도 그 소리에 귀기울이려 하지 않

은 교회. 아름다운 교회였지만 아픔을 간직한 교회. 더욱 커지고, 휘황찬
란해지는 교회 역사에 시골교회의 아픈 이야기도 한 줄 필요하리라. 그 이
야기에는 비정하게 자식을 죽이는 한국의 현실처럼 자신이 낳은 교회를
버린 한국 교회 어머니의 모습도 담겨 있어서 선뜻 마주하기 힘들다. 부인
하고 싶다. 하지만 아픔을 드러내지 못하면, 치유의 역사는 일어나지 않으
리라. 이미 과거의 일이 되어 버린 새곡교회 이야기, 자못 뼈아픈 목회의
기억을 이렇게 쏟아내는 이유이다.

2010년 7월

김남철 목사

차례

1부 별똥별이 떨어진 자리

2부 생육하고 번성하라

3부 새곡교회의 좌절과 하나님 나라

4부 농촌에서 무슨 선한 것이 나겠는가?

농촌의 현실 – 〈당진시대〉 칼럼

부록

1부

·

별똥별이 떨어진 자리

새곡교회는 충남 당진군 송악면 오곡리 224-4번지에 소재했었다.

개척예배

1995년 12월 24일

당진군 송악면 오곡리에 새곡교회가 세워졌다. 12월 21일(목) 11시에 개척예배를 드렸다. 계획대로 교회 건물이 세워지지 않아서 걱정을 많이 했지만, 천막을 치고 개척예배를 드리니 개척교회라는 실감이 난다.

또한 모세가 이스라엘 백성들을 가나안으로 인도할 때에 광야에서 성막을 짓고 예배를 드렸던 광야의 교회와도 같았다. 하나님이 낮에는 구름기둥으로, 밤에는 불기둥으로 인도해 주신다는 확신이 생겼다.

서울 새문안교회에서 개척한 새곡교회는 이 고을을 복음으로 새롭게 변화시킬 사명을 부여받았다. 새곡교회가 데살로니가 교회처럼 믿음의 활동과 사랑의 수고와 예수 그리스도에 대한 희망을 갖고 이를 증거하는 교회가 될 수 있기를 두 손 모은다.

첫 예배

1995년 12월 31일

새곡교회의 주일 첫 예배를 드렸다.

예배당이 지어지지 않았기 때문에 농가 주택 거실에서 예배를 드렸다. 교회학교는 두 명의 남자 아이가 나왔다. 찬바람이 쌩쌩 불고 몹시 추운 날인데 교회를 찾아왔으니 반갑고 대견스러웠다. 교회라는 곳을 처음 나왔단다. 김 집사님 가족을 태워오기 위하여 당진읍에 갔다. 기시시까지의

길이 꽁꽁 얼어서 스노우체인을 감고서도 엉금엉금 기어갔다. 개척교회를 목회하는 목회의 길과도 같았다.

교회에 11시에 도착해 보니 예배실에는 아내 혼자서 있었다. 예배실이 썰렁했다. 10여 분이 지나자 윗집 송 선생님댁 아주머니께서 오셨다. 오곡리를 대표해서 오신 듯.

키보드의 반주 소리에 맞추어서 첫 주일예배를 은혜와 감격 속에서 드렸다. 오곡리 집집마다 나의 설교를 듣고 있는 듯했다.

윷놀이 대회

1996년 1월 7일

오곡리 경로당에서 송년 윷놀이 대회가 열렸다. 얼마 전 경로당에 인사차 방문했을 때에 경로당 회장님과 의논을 했다.

새곡교회가 오곡리에 세워졌으니 경로당과 자매결연을 하여 경로당 활성화를 이루어 보자고 말씀드렸다. 그 첫 번째 행사가 송년 윷놀이 대회였다. 상품 비용은 새곡교회가 부담하기로 했다.

행사 전날 준비를 위하여 할아버지들과 당진읍에 갔다. 상품을 무엇으로 할까를 의논할 때에 나는 생활용품으로 하면 되겠다고 제안을 했다. 그런데 할아버지들은 농기구를 판매하는 철물점으로 쏙 들어가셨다. 그 순간 나는 '아차! 내가 농촌을 너무 몰랐구나' 하는 생각이 들었다.

주일예배를 마치고 교회학교 어린이들과 집사님 부부와 함께 경로당으로 갔다. 부녀회 임원들이 국수를 끓여 주셨다. 할아버지들이 신나게 윷놀이를 하고 계시기에 우리도 부녀회 임원들과 윷놀이를 했다.

회장님은 구정 때에 이러한 기회를 한 번 더 마련해 주면 고맙겠다고 말씀하셨다. 다음 기회에는 오곡리 노래대회를 개최하면 좋겠다는 생각을 하였다. 승합차 라디오에서는 트로트 가요가 신나게 울려 나왔다.

우리 집에 사람이 오네

1996년 1월 28일

옆집에 사시는 송 선생님께서 우리 아들 성래에게 예쁘게 생긴 개 한 마리를 주셨다. 이곳은 한적한 곳이기에 개를 키워야 한다고 말씀하시며 낑낑거리면서 오지 않으려는 개를 간신히 끌고 왔다. 개의 이름을 짓는데 세 식구의 합의가 이루어지지 않아서 이름도 없는 개가 되었다.

성래는 요즈음 오곡리에 갇혀버린 신세가 되었다. 서울에서 전화가 오면 성래는 이곳은 사방 몇 백 미터에도 슈퍼 하나 없는 광야라고 투덜거린다. 그러면 이곳에서 할 것이라고는 오직 공부뿐이겠네? 하고 내가 말하면 문을 꽝 닫아버리고 나간다. 친구들도 없어서 답답하면 이름도 없는 개를 끌고는 함께 뛰어다니다가 들어온다.

보일러를 고치기 위하여 읍내에서 기술자 분이 딸과 동리 아이들을 데리고 왔다. 아이들을 보고는 성래가 갑자기 뛰어 들어오면서 소리친다.

"엄마! 우리 집에 사람이 오네."

부실공사

1996년 2월 18일

새곡교회를 짓는 것에 대하여 오곡리 분들은 관심이 많다. 주일예배를 마치고 오후에 잠시 쉬고 있는데 누군가 농가 주택 문을 쾅쾅 두드린다. 나가보니 건너편에 사시는 할아버지시다. 웬일이시냐고 묻자 결혼식에 다녀오는 길이라면서 술이 거나하게 취하셨다.

대뜸 나보고 큰 소리로 말씀하신다.

"일하면 안 돼 일하지 말라구."

나는 놀라서 왜 그러시냐고 물었다. 이렇게 추운 날 공사하면 부실공사가 된다는 것이다.

"이봐 목사, 집도 겨울엔 짓지 않는 법이야. 겨울에 지으면 되나. 날 풀리고 봄 되면 지으라구. 일하는 사람들한테 일 그만하라구 하게."

내가 조립식 건물이라서 괜찮다고 했다. 할아버지와 할머니도 함께 교회에 나오시라고 하자 늙은이가 이제서 교회 나와 뭐하느냐면서 겨울엔 교회 짓지 말라며 쌩쌩거리는 겨울바람을 가르며 가신다.

한 달이면 공사를 마치겠다던 업자는 3개월이 된 지금까지도 끝내지 않고 있다. 할아버지 말씀이 생각나서 위안을 받는다. 아마도 따뜻한 봄날이 되어야 공사가 마무리될 것 같다. 무슨 일이던지 서두르면 더 늦어진다는 평범한 이치를 깨닫는다.

이번 겨울은 서두르지 않는 충청도 사람의 기질을 재충전하는 득도의 기간이었다.

봄 성경학교

1996년 3월 3일

봄 성경학교를 3일간 했다. 겨울 성경학교를 계획하였다가 교회 공사가 늦어져서 미루게 되었다. 아이들이 성경학교가 무엇인지 모른다. 그저 성경학교에 오면 재미있게 해 준다고 하니 좋아한다.

날씨도 많이 풀려서 따뜻한 봄기운이 돈다. 공사가 마무리되지 않아서 썰렁한 예배당 안도 아이들 때문에 봄기운이 감돌았다. 내가 써놓은 봄 성경학교 시간표가 초라하다면서 송 집사님이 밤을 새워 새롭게 써왔고, 아이들과 함께 작업할 에덴동산을 만들어 오니 예배당 안이 성경학교 분위기가 되었다. 아이들의 찬송 소리, 피아노 소리가 예배당 안에 울리니 나까지 신바람이 났다. 그동안 녹음한 테이프로 찬송을 불렀는데 송 집사님이 반주를 하니 찬송이 살아났다.

봄 성경학교 주제는 "하나님의 사람들"이다. 하나님의 사람들이 누구인지, 어떻게 살아야 되는지 가르쳤다. 지금 하나님의 사람들이 무엇을 하고 있을까를 생각해 보는 기회가 되었다.

여름방학이 되면 여름 성경학교를 할 예정이라고 알려주고 그때에 수영도 할 것이라고 하니 경수가 신난다며 손을 흔들어 댔다.

생명의 씨앗

1996년 3월 31일

오곡리 마을이 바쁘게 움직이고 있다. 아저씨, 아주머니, 할아버지와 할머니까지 모두 밭에 나와서 씨를 심는다. 여기저기 일하는 사람들의 모습이 평화롭기만 하다. 그러나 평화를 심는 사람들의 몸은 쑤시고 아프다.

봄비가 자주 내려서 싹이 잘 나올 듯하다. 올해도 풍년이 들어서 수입 농산물이 밥상에서 사라지기를 바란다.

교회 마당 밑에 있는 밭이 비닐 이불을 덮은 채 볼품없이 누워 있다. 밭을 갈아엎어서 씨앗을 심어야 하는데, 짬이 나지 않는다.

저녁을 먹고는 송 선생님 집에 마실을 갔다. 이런저런 얘기를 하다가 송 선생님께서 교회 밭에 씨앗을 심으라면서 종자가 들어 있는 살림 상자를 가지고 나오신다. 이것저것 종자 씨앗을 나누어주신다. 이 종자를 다 심으면 농장이 되겠다고 했다.

받은 종자를 가지고 오면서 이런 생각을 하였다.

'오곡리 집집마다 복음의 씨앗이 꼭꼭 심겨져서 생명의 구원이 풍성하게 일어났으면 좋겠다. 어쩌면 생명을 심는 오곡리 사람들은 이미 하나님의 백성들일 것이다.'

오곡리에 건 십자가

1996년 4월 28일

예배당 내부 공사가 언제나 완료될지 기대를 포기했다. 4개월 전에 주문해두었던 성구를 신청하여 들여오기로 했다. 아침부터 아내와 함께 교회 바닥 청소를 하였다. 비눗물을 만들어 솔로 바닥을 닦아내었다. 청소를 하고 나니 마음이 시원하다.

트럭에 실은 성구를 기사와 함께 날랐다. 어깨에 장의자를 메고 나르는 것이 꼭 십자가를 지고 가는 것 같았다. 썰렁하였던 예배당이 꽉 찬 느낌이다. 강대상과 의자를 닦은 다음에 마지막으로 십자가를 예배당 중앙에 달았다. 개척교회 십자가를 내 손으로 거니 감회가 새롭다. 오곡리 한복판에

다가 십자가를 거는 기분이었다.

　지난 주일에 예배는 더욱 경건해진 듯하다. 빈 의자에 교우 서너 명이 앉아 있었지만 의자에 하나님의 백성들이 꼭 찬 것 같았다.

　조립식 건물 안에 모인 주님의 백성들이지만 솔로몬의 성전보다도 빛이 나는 듯하다. 새곡교회가 모이는 교회, 그리고 흩어지는 교회가 되어서 그리스도의 몸을 이 땅에 세우기를 간절히 기도했다.

어린이날 나들이

1996년 5월 5일

새곡교회 교우들과 야유회를 갔다. 처음으로 나가 보는 행사다. 교회학교 아이들이 제일 좋아한다. 몽산포 해수욕장으로 승합차를 몰고 갔다. 생각보다 멀었다.

차멀미를 하는 선영이가 힘들어한다. 소나무 숲과 해변이 잘 어우러져 있는 몽산포 해변은 확 트였다. 해변에서 굉음을 내며 힘차게 달리는 레이싱카가 멋지다.

봄바람 부는 바다는 시원하여 가만히 서 있기만 하여도 세상의 모든 염려가 날아가 버린다. 해변과 모래밭과 소나무 숲에서 아이들과 공차기를 하였다. 함께 간 기순 양도 신바람이 났다. 아마도 오랜만에 하는 나들이일 것이다.

준비해 간 점심이 푸짐했다. 푸른병원 내과 과장님 가족이 함께 참여해서 더욱 좋았다. 아이들과 가족들이 몇 가지 게임을 하고 보물찾기를 하였다. 학용품 선물에 아이들은 피곤을 잊는다.

손에 손을 잡고 찬양을 하고 폐회 기도를 했다. 주님 안에 있는 우리들은 이미 하나가 되어 있었다. 돌아오는 길에 아이들은 차 안에서 골아 떨어졌다.

심은 대로 거둔다

1996년 5월 19일

"심은 대로 거둔다"라는 말을 실감하면서 요즈음 생활을 한다. 전에 심었던 곡식들이 파릇파릇 싹이 돋아났다. 마을의 밭은 이제 생명력이 넘친다. 못자리의 비닐을 걷어내니 모가 싱그럽다. 농부들은 논에 물을 대고 써레질을 하느라 바쁘다. 논에 물이 그득하고 사람들이 일을 하니 땅이 살아서 움직이는 것 같다.

오곡리가 전에는 매우 못살았다고 한다. 팔순이 넘어 구순이 가까운 김 희순 할머니는 오곡리 이야기를 나에게 해주었다. 6·25 때는 사람들이 숱 하게 죽었단다. 인민군 편에 섰던 사람들이 지주들을 죽이고 또 국군이 인 민군 편을 들었던 사람들을 죽였다고 한다. 역사의 응어리진 한이 묻혀 있 는 땅이다. 이 땅이 봄만 되면 부활을 한다.

"오곡리 사람들, 옛날에는 배 많이 곯았어. 거지들도 오곡리는 들어오 지 않았으니까. 7년이 흉년이 들었었지. 그런데 박정희 대통령이 삽교천 을 막고 물을 주어서 그때부터 풍년이 들었어. 이제는 오곡리가 부자가 되 었지."

요즈음 비가 오지 않아도 삽교천에서 물이 와서 논에 물을 대고 모심기 준비 작업을 하고 있다.

우리 부부도 틈만 있으면 텃밭에 나가서 이것저것을 심고 물을 주곤 한 다. 오늘도 가물어서 낑낑거리며 물을 주고 나니 소낙비가 내린다. 들어오 면서 내가 중얼거렸다.

"하나님도 참……."

일하기 싫거든

1996년 6월 23일

5개월 만에 교회 공사를 시작하였다. 서울에서 기술자들이 왔다. 이불까지 가지고 와서 침식을 하게 되었다. 이제부터 일이 진척이 된다고 생각하니 마음이 홀가분해지는 듯하다.

일의 순서와 재료 구입에 관한 의논을 하였다. 일을 한다는 것은 종합예술이다. 일은 생명이 살아나는 작업이다. 일을 해야 살아갈 수 있다. 성경은 "일하기 싫거든 먹지도 말라"고 한다. 그럼에도 사람들은 일을 싫어한다. 일에서 벗어나는 것이 해방이요, 행복이라고 착각을 한다. 이러한 착각을 하나님은 용납하지 아니하신다.

하나님은 기도할수록 일거리를 주시나 보다. 수고하고 무거운 짐을 진 자들이 하나님께 열심히 기도한다. 그런데 하나님은 수고하는 자들에게 더욱 수고하라고 하신다.

무거운 짐을 진 자들에게 계속 지고 가라고 하신다. 십자가를 지듯이 지고 가라고 하신다. 수고하는 것과 무거운 짐에서 자유롭고 싶다고 부르짖어도 하나님은 묵묵부답이시다.

일로부터의 자유는 일을 하지 않는 것이 아니라 일을 더욱 열심히 하는 것이다. 일을 하면서 일로부터의 자유함을 얻는 것은 주님 안에 거하는 것이다.

오늘도 전화를 걸고, 받으면서 교회 현장과 사택을 오르락내리락한다.

공사판 수련회

1996년 7월 14일

교회 건축 마무리를 위하여 23일간 일을 하였다. 장마철이 되어서 염려를 하였지만 날씨가 좋아 일을 제때 끝낼 수가 있었다. 비석골에서 1반 진입로를 자갈로 깔고 취약한 부분은 레미콘으로 콘크리트를 쳤다. 예상보다 많은 비용이 지출되었다. 차를 운행하는 데에 아주 편하게 되었다. 동리 사람들이 좋아한다.

교회 마무리 공사는 할수록 일거리만 자꾸 생긴다. 송 목수는 마지막까지 남아서 땀을 흘리다가 부산 현장으로 갔다. 새곡교회 건축은 처음부터 순조롭게 진행되지 않았다. 힘겹게 공사를 다시 시작한 것이 오히려 기적이라고 말하는 분도 있다.

작업복을 입고 인부들과 일을 하면서 분주하게 왔다 갔다 하니 식사 봉사를 해주던 홍 집사님이 "목사님은 수련회 온 것 같아요"라고 한다. 살아간다는 것이 수련이요, 신앙이라는 것이 수련이다.

흔들릴 수 있는 여유

1996년 7월 21일

얼마 전 바람이 몹시 불고 난 후에 아내와 홍 집사님이 부러진 고춧대를 한 아름씩 가지고 왔다. 고추밭이 절단이 났다고 한다. 바람에 부러지지 말라고 내가 끈으로 꽁꽁 묶어 주었는데 부러지다니, 뙤약볕에 땀을 흘리면서

비닐 끈으로 단단히 묶었었다.

너무나 단단히 묶어서 고춧대가 흔들리지 못하고 아주 부러지고 만 것이다. 바람이 불면 흔들릴 수 있는 여유가 있어야 하는데, 오늘 태풍이 올라온다고 하여서 묶은 비닐 끈을 잘라 주었다.

고춧대가 비닐 끈 때문에 목이 졸리듯이 조여져서 패여 있다. 얼마나 갑갑했을까? 패인 고춧대를 보면서 인생의 모습을 보는 듯했다.

인생의 세파에 흔들릴 수 있는 여유가 있어야 한다. 신앙도 마찬가지이다. 너무나 율법주의적인 신앙은 부러지고 만다. 세상의 바람에 흔들릴 수 있는 여유를 가져야 한다.

흔들리기를 거부하여서 아예 부러지고 마는 신앙인들이 주변에 많이 있다. 우리를 옭아매고 있는 끈을 풀어 주는 작업이 또한 목회이기도 하다.

신바람이 난 오곡리

1996년 8월 4일

그동안 지연되었던 교회 공사를 마무리하고는 7월 29일 헌당 예배를 드렸다. 많은 분들이 오셔서 축하해 주셨다. 예배를 시작했을 때에 동리 분들이 눈에 잘 띄지 않아서 걱정이 되었다.

30분이 지나자 동리 분들이 들어오기 시작한다. 새문안교회 청년들이 자리를 하나둘씩 양보를 하였다. 동리 분들이 들어오실 적마다 힘이 생겼다.

한 주간 동안에 새문안교회 청년 대학부와 한기림 성가대원들이 농촌 봉사 활동을 하였다. 폭염이 계속되는 동안에 땀 흘리면서 수고를 많이 했다. 여름 성경학교도 시작하였다.

경수 어머니가 이 집 저 집 전화를 해서 아이들이 제법 모였다. 아이들이 신바람이 났다. 처음 열리는 성경학교와 농촌 봉사 활동이 오곡리를 신바람 나게 했다.

지긋지긋한 농촌

1996년 8월 11일

교회가 갑자기 고요해졌다. 70여 명의 청년들이 한 주간 동안 농촌 봉사 활동과 성경학교를 하고 갔기 때문이다. 오곡리가 생기가 돌았었다. 젊은이들이 없는 농촌에 젊은이들이 떠들썩했었다. 농촌은 젊은이들이 며칠 동안 낭만을 즐길 수 있는 곳이지 살 수 있는 곳은 아니다. 며칠도 힘겨운 곳인가 보다.

어느 청년이 짐을 꾸리면서 동료에게 이렇게 말했다.

"이제 지긋지긋한 이곳을 떠나는구나!"

농사일을 한다는 것은 지긋지긋한 일이다. 생명을 살리는 살림의 터전이 지긋지긋한 곳이 되고 말았다.

1995년 농업 총 조사를 보니 총 인구 중 11%만이 농가이고 4명 중 1명꼴로 60살 넘어 고령화가 되었으며 농촌에는 살아도 절반은 농사를 짓지 않는다고 한다. 쌀 수입 개방이 100% 이루어지면서 논들이 유흥업소나 공장 등으로 바뀌게 될 것이다. 쌀 1가마에 3만 원짜리가 수입이 되면 13만 원짜리 우리나라 쌀은 사라질 것이다.

오곡리에 벼들이 삽교천 물로 푸르게 자라나고 있다. 저 푸른 논을 언제나 볼 수 있었으면 하는 마음이 간절하다.

깨달을 때까지 기다려야지

1996년 9월 8일

교회에서 건너편 마을을 보면 커다란 은행나무 아래 정자가 보인다. 그 정자에는 할머니 세 분이 쉬시곤 한다. 허리가 아프고 다리가 아파서 교회에 나오지 못한다며 안타까워하신다. 김 할머니는 새곡교회 성도이지만 요즈음 거동이 불편해서 나오지 못한다.

오늘은 은행나무 아래 김 할머니가 혼자서 앉아 계신다. 교회를 바라보고 있는 듯하다. 송 선생님이 준 포도를 가지고 건너갔다. 할머니는 나를 보고는 몹시 반가워한다. 늙은이를 이처럼 찾아오니 고맙다면서 나의 손을 꼭 잡는다.

할머니의 손을 잡고 간절히 기도를 한다. 할머니는 안쓰러운 눈빛으로 나를 보고는 말씀하신다.

"교회를 눈앞에 두고도 가지 못하니 이제 그만 살아야지, 목사님한테 죄송해유. 교회 십자가를 보면서 매일 빌어유. 그저 우리 동네에 세워진 교회에 사람들이 많이 모이게 해달라구 하느님께 빌어유.

밑에집 할머니도 새벽마다 동쪽을 향해 오곡리 사람들이 교회에 다니게 해달라고 두 손을 합장하고 빌어. 오곡리 여자들은 절에 다녀서 그려.

목사님! 실망하지 말구 참고 기다리면 교회 나올 꺼유. 어차피 깨달을 때까지 기다려야지."

더 놀다 가면 안 되나요

1996년 9월 15일

교회학교 아이들이 많아졌다. 평일에 뿔뿔이 흩어졌다가 주일날 만나니 즐겁기만 하다. 교회에서 오랫동안 놀다가 갔으면 좋겠다고 하지만 예배 시간에 쫓기어 집에 태워다 주어야 한다.

주일 아침에는 무척이나 바쁘다. 아이들을 데리러 읍내로, 오곡리 5반과 4반에 그리고 복운리와 부곡리에 가서 승합차로 가득 태워서 달리면 아이들은 신난다고 소리 지른다.

여름성경학교 때부터 아이들을 싣고는 비포장도로를 시간에 쫓기어 마구 달렸더니 승합차가 여기저기 고장이 났다.

아이들이 교회 소풍은 언제 가느냐고 조른다. 이제 곧 가기로 약속을 했다. 농촌의 아이들은 또래들끼리 어울려서 논다는 것이 어렵다. 그렇기에 인격 성장에 문제점이 드러나고 있다. 아이들끼리 놀이할 수 있는 시간과 공간을 제공해 주는 것이 교회의 크나큰 역할이다.

교회학교가 끝나고 아이들에게 승합차를 타라고 하면 "목사님, 더 놀다 가 가면 안 되나요?" 하고는 나를 쳐다본다.

교인 1/5 장례식

1996년 10월 13일

새곡교회에 부임한 이래 처음으로 장례식을 치렀다. 고인이 된 이 성도님은 나에게 첫 경험을 여러 가지로 주었다. 나는 이 성도님께 처음으로 병상 세례를 베풀었다. 세례를 베풀 때에 성도님의 신앙 고백에 감동을 하였다. 죽음을 선고받은 상태에서 여유 있게 죽음을 받아들이고 신앙으로 이기시는 모습이었다.

고통스러운 투병을 하시면서도 내가 심방을 가면 무척이나 반가워하였다. 찬송을 부르고 기도를 하면 나오지 않는 소리이지만 따라서 하셨다. 두 손을 모으고 주여! 아멘!을 피를 토하듯이 토하셨다. 이제 눈물도 없고 고통도 없고, 병도 없는 하나님의 나라에 가셨다. 새곡교회 젊은 한 성도는 그의 무덤을 만들면서 시신을 안치할 자리를 청솔가지로 깨끗하게 쓸면서 기도를 하였다고 한다.

장례식을 마치고 오후에 고향인 시곡리에 갔다. 큰말 할아버지와 함께 아버님의 묘소에 가서 며칠 후에 시행할 묘소 공사에 관하여 의논을 하였다. 나무숲에 싸여 있는 아버지의 묘소가 왠지 초라해 보였다. 햇볕이 잘 들도록 묘를 감싸고 있는 나무들을 베어야겠다.

빈 의자

1996년 11월 10일

매주 토요일이 되면 육 집사님과 예배당을 청소한다. 강대상과 긴 의자는 내가 닦게 된다. 매번 긴 의자를 닦을 적마다 나의 마음을 투사한다. 이 의자에 누군가가 앉아 있기를 고대한다. '자리의 임자를 언제나 찾을 수가 있을까?'

사람들에게는 장소에 대한 집착이 강하다. 내가 있어야 할 자리를 늘 염두에 두면서 살아간다. 사람은 태어나면서부터 장소를 소유하게 된다. 그가 어떠한 장소를 소유하였느냐에 따라서 그의 인격이 개성 있게 형성되어 간다. 이곳 오곡리에 새곡교회를 통하여 인생에 있어서 중요한 장소를 소유하게 되었으면 한다. 사람들이 새곡교회를 통하여서 어머니 자궁과 같은 보금자리를 소유할 수 있었으면 좋겠다.

일주일 동안 아무도 앉지 않은 의자의 먼지를 닦는다. 그러나 그 자리에 누군가가 앉아 있는 것만 같다. 나의 아린 마음을 그 자리에 투사한다. 형태 심리 치료에서 환자에게 하는 빈 의자 치료 기법이 나에게 통용되는 것만 같다. 이번 주일은 몇 명이나 빈 의자를 채울까?

이번 주일은 빈 의자가 많게 된다. 한 가정은 서울을 가고, 한 가정은 장사를 하러 가고, 한 사람은 어머니 회갑에 가고, 한 사람은 결혼식에 가고, 한 사람은 일을 하러 가고, 한 사람은 오늘 오후에나 집에 온다고 한다. 빈 의자에 나의 마음을 투사한다.

설교를 하고 내려오자 김 할머니가 나의 손을 잡고는 안쓰럽다는 듯이 한 말씀 하신다.

“오늘같이 사람이 없을 때는 쪼금만 하고 내려오셔. 사람도 없는데 오래
하지 말구.”

추수감사절

1996년 11월 17일

새곡교회가 첫 번째 맞는 추수감사절이다. 육 집사님과 아내까지 동원이
되어서 청소를 하고 꽃꽂이를 하고 작은 강대상 옆에 테이블을 놓고 그 위
에 호박과 배추, 무, 파, 사과, 배, 등을 놓았다. 근사한 작품이 되었다.

추수감사주일이라서 아이들에게 떡 잔치를 해주고 그동안 모아 놓았던
달란트를 가지고 오도록 하여 달란트 시장을 열었다. 처음으로 해보는 달
란트 시장이라서 아이들은 처음에 어떻게 해야 할지 망설인다. 아내 혼자
이것저것 준비해야 되기에 먹는 음식을 준비하지 못해서 달란트 시장이
좀 썰렁하였다.

어른 예배 때도 정신없이 바쁘다. 설교를 한 다음에 학습과 세례를 베풀
었다. 새곡교회에 부임을 하여서 두 번째로 하는 세례식이다. 김희순 할머
니를 강권하여서 교회에 모시고 와 세례를 주었다. 며느리 눈치 때문에 교
회에 나오는 것을 부담스러워하신다. 그래도 세례를 받으시니 내가 기쁘
다. 이제 새곡교회에 세례 교인이 모두 아홉 명이 되었다.

성찬 예식도 거행하였다. 성찬에 참여하는 성도가 한 무리를 짓고 앞에
오니 가슴이 벅차다. 이 순간에 성령님의 임재하심이 눈에 보이는 듯하다.
주님의 살과 피가 우리 몸에 흐르는 전율을 느껴본다.

별똥별이 떨어진 자리

1996년 12월 22일

1996년 달력이 한 장만 남았다. 성탄절이 가까워진다. 그뿐만 아니라 새곡교회 창립 1주년이 이번 주일이다. 아내가 일 년 동안의 교회 역사를 앨범에 정리하였다.

앨범에 꽂힌 사진 한 장 한·장에 새곡교회 역사가 담겨 있다. 나의 짜증과 불평도 담겨 있다. 그러나 그런 것들이 모여서 은혜와 감사의 기록이 되어 간다.

1995년 11월에 나 혼자서 오곡리에 왔다. 소나무 숲 옆 풀이 무성한 작은 언덕에 교회 터를 닦았다. 비만 오면 황토흙에 발이 빠져서 걸어 다닐 수가 없다.

썰렁한 겨울밤의 북풍이 농가 주택을 후려치면 소나무들이 서럽게 울어 댔다. 소리에 놀란 오곡리의 개들이 웡웡거리면 잠이 달아나 버린다. 별똥별이 의미 없이 떨어진 자리에 주님의 몸을 세운다.

11월 21일에 기공 예배를 드리고 공사는 시작했지만 완공 예정일에 겨우 바닥 콘크리트만 치고는 12월 21일 개척예배를 드렸다. 여러분이 오셔서 축하를 해주었다. 차가운 북풍이 우리 마음속을 통과하여 사랑의 바람이 되었다.

목사님, 힘내세요

1996년 12월 29일

성탄절 준비를 해왔다. 24일 저녁에 교회학교 어린이들이 성탄 축하 발표회를 하기로 했다. 연습 시간이 없어서 다급해졌다. 새곡교회 어린이들이 처음으로 하는 발표인데 엉망이 되면 어쩌나 걱정이 된다.

아이들이 방학을 하였다. 토요일 오후 내내 연습을 하였지만 서투르다. 주일 아침에 아이들을 데리러 오곡리를 다닌다. 날씨가 풀려서 길이 질퍽거린다. 4반 길에서 그만 차가 미끄러진다. 한쪽은 낭떠러지다. 다행히 차는 반대편으로 미끄러졌다. 옆 창문이 와장창 깨지면서 옆면이 찌그러졌다. 다행히 아이들은 다치지 않았다.

희진이 아빠에게 트랙터로 빼달라고 했다. 이리저리 왔다 갔다 하면서 간신히 꺼냈다. 아이들이 차가 고장 났다고 걱정을 한다.

성탄 축하 발표회는 부모님들을 모시고 성공적으로 마쳤다. 기대 이상으로 잘하였다. 아이들도 며칠 동안 북적대면서 난리를 치더니 좋은 결과를 만들었다.

진흙으로 엉망이 된 차를 청소하였다. 차 뒤에 어떤 아이가 손가락으로 글씨를 삐뚤빼뚤 써놓았다.

"목사님, 힘내세요!"

신나는 눈썰매장

1997년 1월 19일

교회학교 아이들을 데리고 눈썰매장에 갔다. 당진군 순성면에 눈썰매장이 새로 생긴 것이 아주 기쁜 일이다. 아침 일찍부터 아이들이 교회로 왔다. 주일날은 내가 집에 가서 불러야 겨우 나왔는데 오늘은 큰 길까지 나와서 차를 기다리고 있다.

오곡리 아이들은 거의 다 모였다. 아이들 31명과 어른 4명을 두 대의 승합차에 꽉 채웠다. 청림회관에서 차를 제공해 주었고, 경수 아빠가 운전을 해주었다.

아침부터 눈썰매를 타기 시작해서 오후 3시 30분까지 탔다. 너무나 신나서 쉴 틈도 없었다. 나는 정욱이를 앞에 태우고 아이들과 시합을 했

다. 일부러 서로가 부닥치면서 넘어지면 서로 좋다고 웃었다.

날씨가 포근해서 좋았다. 점심을 설렁탕으로 먹고는 놀이 시간을 가졌다. 희선이 친척인 여중생이 와서 음악을 틀어 놓고는 춤을 추었다. HOT의 '캔디' 노래에 맞춰 현란하게 추는 춤에 모두들 넋을 잃었다.

어느새 관객이 많아졌다. 관객의 박수 소리에 청소년들의 건강함이 있다. 언제나 아이들과 청소년들의 마음이 건강해질 수 있을까? 이제는 우리가 좋은 나라를 만들어야 할 텐데.

차를 타고 오면서 한 아이가 나에게 말했다.

"목사님, 오늘 진짜 신났어요. 우리 눈썰매장에 또 와요!"

한 아이가 맞장구를 쳤다.

"야! 교회가 무슨 돈이 많다고 그래!"

화투와 탁구대

1997년 1월 26일

농촌에서의 농한기는 농부들에게 유익한 기회이다. 그렇지만 예부터 농한기는 농부들에게 후회하는 기간이기도 하다. 1년 동안 지은 대가가 세상 살맛을 잃게 만든다.

그래서인지 농한기에 농부들은 소일거리가 없어서 화투를 자주 한다. 일본에서는 화투를 기생이나 하는 것으로 인식되어 왔다. 그런데 일제 강점기에 일본은 한국 사람들에게 화투를 보급시켰다. 화투 때문에 패가망신한 사람이 너무나 많았다. 이 화투가 아직도 한국인의 유일한 문화 활동이 되어 버렸다.

교회학교에 다니는 아이의 아빠가 교회에 탁구대 좀 가져다 놓으란다. 교회에 탁구를 치러 가야 목사님과 얘기도 하고 화투방에 가지 않을 것 같다고 한다.

그 다음 날 온양 형수님에게 전화가 왔다. 상가 지하실에 있는 교회에 탁구대가 있는데 쓰지 않는다고 했다. 그 교회는 개척교회인데 탁구대를 놓을 장소가 없다고 한다. 감사 헌금을 조금 하고는 가지고 왔다.

우리 교회도 막상 탁구대를 놓을 데가 마땅치 않다. 우선 예배당 뒤편에 설치해 놓고 성래와 시범 게임을 했다.

농촌의 졸업식

1997년 2월 23일

아침에 중홍리에 있는 송악초등학교에 갔다. 오늘이 74회 졸업식 날이다. 우리 교회학교 어린이 3명이 졸업을 하게 되어 선물을 가지고 학교에 갔다. 학교 운동장에서 하는 줄 알았더니 교실을 개조해서 만든 식당에서 식순을 진행하고 있다.

이미 시상식을 하고 있다. 교회 어린이들을 찾아보았다. 졸업을 하는 기석이, 희선이, 미령이는 쉽게 찾을 수가 있다. 졸업생이 모두 38명이란다. 졸업생들이 연달아 앞으로 나간다. 상을 받기 위함이다. 상의 종류가 20가지도 넘는 듯하다. 졸업식이 아니라 시상식 같다. 지역의 유지들이 자기 이름을 알리기 위하여 상을 한 가지씩 주는 것 같다. 하여튼 아이들은 상을 받으니 좋아한다.

아이들과 인사를 하고 먼저 나왔다. 썰렁한 운동장에 자동차가 몇 대 주차해 있다. 전에는 졸업식 날이면 운동장이 시끌벅적하였는데 농촌 초등학교의 졸업식은 썰렁하기만 하다. 농부의 마음 같다.

이제 봄인가 보다. 오늘이 우수라고 한다. 농부들이 들녘으로 나오기 시작했다. 논에 있는 볏짚을 묶어서 차곡차곡 쌓는다. 나락 없는 볏짚에는 생명이 없는 듯하다. 풀죽은 볏짚을 끌어안은 할머니의 모습이 차창에 확 박혀 버린다.

교회 문만 닫지 않으면 됩니다

1997년 3월 23일

새문안교회에서 선교대회를 1박 2일 동안 하였다. 새문안교회에서 농어촌 산간벽지의 미자립 교회를 돕는다. 모두 100개 교회라고 하니 110년이 넘은 교회의 역할을 잘 감당하고 있다. 도시 교회는 농어촌 교회의 덕을 보고 성장한 것이다.

선교대회에 참석한 교역자들은 모두 100명이었다. 선교부에서 행사를 위하여 많은 준비를 하였다. 수요 예배 설교를 내가 하게 되었다. 이렇게 많은 목회자들과 성도들 앞에서 설교하기는 처음이다.

예배 후에 3조로 나누어서 선교 보고회를 했다. 개척교회에서 목회하는 어려움들이 많다. 개척교회는 그래도 희망이 있다. 농촌 오지에서 몇 명의 성도들과 목회를 하는 교역자들은 안타까움이 많다고 했다.

경북에서 온 한 전도사는 몇 년 동안 장례식을 몇 건 치르니 이제는 80 나이의 권사님 한 분만 남았다고 한다. 그 권사님도 서울의 아들이 올라오라고 성화인데 자기가 가면 교회가 문을 닫을까 봐 가지 못하고 있단다.

이 젊은 전도사도 교회를 옮기려고 했는데 교회 문이 닫힐까 봐 옮기지 못하고 있다면서 마음이 아프다고 했다.

꿈나무를 심으면서

1997년 3월 30일

하나님은 생명을 창조하셨다. 이 생명이 한 번 죽는 것으로 끝나도록 창조하지 않으셨다. 생명이 다시 부활하도록 창조하셨다. 그대로의 부활이 아니라 새롭게 변화된 존재로의 부활이다.

대지가 부활하였다. 생명의 텃밭인 땅이 부활하니 모든 생물이 부활을 한다. 그런데 인간들은 새롭게 부활하려고 하지 않는다. 십자가를 지는 죽음의 과정을 회피하기 때문일 것이다.

이제 교회 주변 정리를 하여야 한다. 진아가 준 난초도 심었고, 송 선생님이 준 포도나무 묘목도 심었다. 은행나무 묘목도 준다고 했다.

나무를 심는다는 것은 생명을 사랑하는 행위이다. 나무는 뿌리가 있다. 뿌리는 땅속으로 파고 들어간다. 어두운 무덤 속으로 파고 들어간다. 그렇지만 나무의 줄기는 영양분을 공급받고 싱싱해진다. 가지는 하늘을 향하여 두 팔을 벌린다. 가지 마디마디에 꽃이 피고 열매가 맺힌다.

오곡리에 꿈나무를 심고 싶다. 꿈이 있는 나무가 자꾸만 병들어 가고 있

다. 예수님은 꿈나무를 사랑하셨다. 제자들에게 "어린아이가 나에게 오는
것을 막지 말라"고 하셨다.

바름이 마을

1997년 4월 20일

오곡리 1반 진입로 포장공사를 시작하였다. 이곳 명칭을 바름이라고 한
다. 바름이라는 말의 뜻을 정확히 알 수가 없다. '바름' 이라는 뜻은 '비뚤
어지지 않고 올바르다' 라는 뜻이다. '바름이는 올바른 마을이다' 라는 사
실을 인정받았다는 증거이기도 하다.

　도로를 확장해서 공사를 하니 시원하게 뚫렸다. 그 마을을 알려면 길을
보면 알 수가 있다고 한다. 오곡리 길은 좋은 편이 아니다. 오곡리가 바름
이 마을이 되었으면 한다.

　주의 길을 예비해야 하는 교회가 길을 잘 닦아야 한다. 진리의 길을 닦아
야 하고, 믿음의 길을 닦아야 하고, 사랑의 길을 닦아야 한다.

　요즈음 고속철도공사가 감리를 받은 결과 부실공사로 판명났다고 한다.
성수대교가 무너져서 현재 보수 중인데 또다시 생명을 앗아가는 길을 만
들고 있으니 대책이 서지 않는 나라이다.

　우리는 언제나 정신을 차릴 수 있을까? 정신 자세가 바르게 되어야 할
텐데 그러지 못하니 모든 것이 비뚤어져 간다. 우리나라가 바름이 되기를
기도한다.

은행나무 밑 할머니

1997년 5월 18일

오곡리에는 생명의 소리가 들린다. 모를 심을 때가 되니 하나님이 비를 내려 주신다. 삽교천이 막히기 전에는 이곳이 흉년이 심하여서 생활이 어려웠다고 한다. 삽교천의 물을 사용한 후부터는 매년 풍년이 든단다.

농사는 하나님이 절반을 짓고 농부가 절반을 짓는다. 올해도 풍년이 들기를 기원한다. 남쪽만이 아니라 북쪽에도 풍년이 들기를 기원한다.

규호 아빠가 갈아 놓은 밭에 참깨와 고추, 오이 등을 심었다. 앞으로 심을 곡식이 많다. 밭농사는 일이 많아서 농부들이 힘들어한다. 이제 모를 심어 놓으면 오곡리 전체가 푸르게 될 것이다. 농부들은 밤늦게까지 트랙터로 논을 뚜드린다. 전에는 쟁기로 갈고 써레질을 하였는데 이제는 트랙터로 갈아엎고 써레질까지 다 해버린다.

교회 건너편에 사시는 할머니가 돌아가셨다. 지난여름에 은행나무 밑에서 세 할머니가 이런저런 이야기를 하셨다. 인사를 가면 내 손을 붙잡고 미안하다고 하셨다. 다리가 성하지 못해서 교회에 나가지도 못한다고 하셨다. 오곡리 젊은 여자들이 나니면 얼마나 좋겠느냐 하며 아쉬워하셨다. 병도 없고, 눈물도 없는 하늘나라에 가셨다.

놀이터에 오는 것을 금하지 말라

1997년 5월 25일

오곡리에 어린이 놀이터가 생겼다. 작년부터 생각한 것을 이제야 실행하였다. 미끄럼틀을 설치하는 데 여러 명이 동원되었다. 나는 놀이기구를 고정시키기 위하여 구덩이를 팠다. 오랜만에 삽질을 하니 온몸이 쑤신다. 그러나 그네와 농구대가 설치되니 신바람이 났다.

밤늦게까지 작업을 하였다. 시멘트를 개어서 놀이기구를 고정시켰다. 몇 명 되지 않는 성도들의 헌금으로 마련했으니 더욱 의미가 있고 보람이 있다.

예수님께서는 어린아이들이 내게 오는 것을 금하지 말라고 하셨다. 이 말씀을 생각하면서 나는 목회를 한다. 아이들만이 아니라 청소년들, 그리고 어른까지도 해당이 되는 말씀이다.

아이들의 전인 건강을 위하여 필요한 시설을 제공해 주어야 한다. 이틀 후에 마무리 작업을 하였다. 오곡리 1반의 아이들이 놀이터 기구를 보고는 신바람이 나서 놀러왔다. 그네를 타면서 마냥 좋아한다.

약을 뽑는 사람들

1997년 6월 1일

참깨를 심어 놓고는 밭에 가보지를 못했다. 아내와 육 집사께서 싹이 크도록 비닐 구멍을 뚫어 주었다고 한다. 그런데 싹이 나지 않은 곳이 많다고 한다. 원인을 생각해 보니 씨를 너무나 깊이 묻었고 비닐을 제때에 뚫어 주지 않았기 때문이다.

곡식을 가꾸는 데는 때를 잘 알아야 한다. 자연은 제때가 있다. 사람의 인생도 제때가 있다. 사람들은 자기의 때를 알지 못한다. 모두가 자기의 때인 줄로 착각을 하기도 한다. 요즈음 신문이나 텔레비전에 자기의 때를 만났다며 나오는 사람들이 여러 명이다. 이들을 용이라고 부르기도 한다. 대통령이 되면 용이 된다고 생각을 한다. 용들의 전쟁에 국민은 방황을 하고 있다.

참깨 밭을 가보니 잡풀이 무성하다. 비닐을 모두 벗기고는 잡풀을 뽑기 시작했다. 안산에서 오신 어머님이 잡풀을 모두 뽑았다. 풀씨는 뿌리지도 않았는데 왜 그리 많이 나는지 모르겠다. 이 세상도 뿌리지 않은 악이 더욱 기승을 부린다. 그래도 악은 선을 끝내 이기지 못한다. 악을 뽑는 사람들이 있기 때문이다.

다룰 줄 모르는 기계

1997년 7월 13일

현구 씨네 가서 풀 깎는 기계를 빌려 왔다. 위험한 기계이지만 교회 주변의 풀을 낫으로 깎기에는 시간이 너무나 걸린다. 1시간을 깎았더니 양팔이 얼얼하고 통증이 심하다. 칼날이 윙윙 돌아가는 것이 아차하면 다칠 것 같다.

한참을 쉬고 다시 하려니 시동이 걸리지 않는다. 아무리 해보아도 되지 않는다. 현구 씨에게 나중에 물어보니 기어 줄이 꼬여서 그런 것이었다. 기계의 원리를 알면 쉬운데 모르면 애를 먹게 된다.

하나님의 일도 모르고 하면 날마다 헤매게 된다. 농촌에서 개척교회를 한다는 것은 다룰 줄 모르는 기계를 가지고 끙끙거리는 것과도 같은가 보다.

여름방학이 가까우니 성경학교와 수련회 준비를 하여야 한다. 도시 교회가 농촌 교회에 와서 수련회를 한다는 것은 좋은 일이다. 며칠 동안 농촌에 머문다고 농촌을 이해할 수 있을까는 의문이다. 오히려 농촌을 휴식처로만 이용하려고 한다면 슬픈 일이다.

그동안 파이프만 설치한 탁구장을 완공했다. 칼라 보온 덮개를 덮고 보니 나의 작품치고는 멋이 있다. 노아의 방주 같기도 하다. 빗방울이 툭툭 떨어지더니 교회 위에 무지개가 선명히 떠올랐다.

연옥에서 하는 놀이

1997년 7월 27일

1년을 기다린 해수욕장이다. 올해 여름 성경학교도 신두리 해수욕장을 가기로 했다. 화동교회 선생님들과 함께 갔다. 청림회관 승합차를 경수 아빠가 운전을 해주어서 교통편이 편하게 되었다.

서둘러서 떠났지만 12시가 다 되어서 바다에 도착했다. 그런데 해수욕장에 사람들도 보이지 않고 바닷물도 보이지 않는다. 보이는 것은 하얀 바다 안개뿐이다. 물이 빠지는 중이라서 한참을 뛰어가야 물이 있었다. 아이들은 신나게 뛰어간다.

1년 만인데도 물이 많이 더러워졌다. 그래도 아이들은 좋단다. 안개 때문에 아이들을 관리하기가 힘이 든다. 안개 바다는 꼭 연옥 같기도 했다. 천국과 지옥 사이의 연옥에서 우리는 게임을 하고 놀이를 하였다. 화동교회 젊은 교사들이 아이들과 놀이를 더 이상 못 하겠다고 한다. 체력이 아이들에게 뒤진다고 한다. 아이들은 지치지도 않는지 집에 올 때도 차 안에서 노래를 부르고 장난을 친다.

3일간의 여름 성경학교가 끝이 났다. '생명과 평화를 사랑하는 그리스도인' 이라는 주제를 머리로 아는 것이 아니라 행동으로 보여주는 새곡 어린이들이다. 하나님의 말씀을 머리가 아닌 몸으로 실천하는 새곡교회가 되기를 기도하면서 운전을 한다.

소쩍새 울음

1997년 8월 24일

여름 수련회가 끝이 났다. 새곡교회로 수련회를 온 교회들은 올해 수련회가 좋았다고 한다. 수련회를 위하여 설치한 편의 시설이 대체로 만족할 만하였다. 농촌 교회가 도시 교회의 성도들에게 영성 훈련을 할 수 있도록 해주는 데 큰 역할을 할 수가 있다.

청년들에게 1회 이상 밭일을 하도록 하였더니 일을 할 때는 장난이 아니라면서 힘들어 했으나 아주 만족하였다. 밭 매는 일을 처음 해보는 청년들이 많았고 낫질을 할줄 몰라서 내가 가르쳐 주면서 시켰다. 21세기의 가장 유망한 직업이라며 농사를 짓고 싶은 사람 있느냐고 하니 모두가 고개를 흔든다.

내년에 다시 오겠다면서 서울로 가는 청년들을 환송하고는 뒷정리를 했다. 이제는 내가 수련회를 떠나갈 차례다. 장소가 부산이다. 7년 만에 가보는 부산이다. 오랜만에 만난 동료들과 이야기를 하느라 밤잠을 설쳤다. 목회자들도 만나면 왕수다. 그동안 쌓였던 스트레스를 부산 앞바다에 모두 토할 작정이다.

이제 가을 냄새가 난다. 소쩍새가 솥이 적다면 '솥적다, 솥적다' 고 울고 있다. 북쪽에서 우는 것이 꼭 북한의 며느리가 우는 듯하다. 일용할 양식을 위하여 우는 사람들이 있다. 영적인 양식을 위하여 우는 사람들도 있다.

우리는 무엇을 위하여 소쩍새처럼 울어야 하는가?

시간과 돈 그리고 인력의 투자

1997년 9월 7일

여의도 성모병원에 전화를 해서 지영이 병실을 찾았는데 퇴원을 했다고 한다. 이비인후과 수술을 받았는데 퇴원을 빨리 했다. 병실이 없어서 일찍 퇴원을 시켰다고 한다.

오늘 저녁에 지영이네로 심방을 갔다. 학교와 학원에 다녀왔는데 열이 있고 아파서 울었다고 했다. 지영이는 동생인 진아와 영천이를 데리고 교회학교에 잘 나온다. 영천이는 유치부인데도 아이가 당차고 교회에 오면 장난만 치다가 가는 것 같아도 들을 것은 다 듣고 간다.

언니가 수술을 하러 가니까 영천이가 누나를 위로하면서 "내가 하나님께 기도할게 걱정하지 말고 수술 잘 받아" 했다. 아빠에게도 말하기를 하나님한테 아빠 건강하라고 우리가 기도를 해서 아프지 않다고 했단다.

아이들이 어느덧 신앙으로 자라 가고 있다. 교회에 와서 장난을 치고 말썽을 피워도 은혜의 단비를 먹으면서 믿음이 자란다. 이 아이들에게 더욱 영양가 있는 영의 양식을 공급해야 한다.

교회는 교육이 매우 중요하다. 교회학교 어린이들에게 다양한 교육의 기회를 주지 못해서 아쉽다. 전인교육을 하기 위해서 교회가 할 일은 많다. 주일날에만 교육을 하니 한계가 많다. 더구나 예배 후에 40분 동안 학습 활동을 하니 시간이 부족하다. 교육은 시간과 돈 그리고 인력의 투자이다.

하나님과의 게임

1997년 9월 28일

동리 아저씨와 날씨에 관하여 이야기를 하였다. 농사는 날씨가 맞아야 결실을 맺을 수가 있다고 말씀하신다. 요즈음은 비가 와야 하고 벼농사를 위해서는 비가 오지 말아야 한다고 했다. 그러면 하나님은 어떻게 해야 되는지 답답하실 것 같다.

일기예보에 전국적으로 비가 온다고 하더니 드디어 비가 내린다. 그동안 비가 오지 않아서 배추와 무에 물을 주어야 했다. 호수로 물을 주는 것 가지고는 해갈이 되지 않는다. 물을 줄 때도 옆으로 주면 땅이 패여서 작물에 해롭게 된다. 하늘을 향해 쏘아서 빗방울처럼 땅에 떨어지도록 해야 한다. 자연의 순리를 따라야만 된다.

자연의 순리는 인간의 생각을 넘어선다. 자연의 순리는 인간 세계의 법칙을 따르지 않고 하나님의 법칙을 따른다. 우리는 이것을 하나님의 섭리라고 한다. 인간은 하나님과 게임을 하려고 한다. 그러나 번번이 패하고 만다. 하나님의 섭리를 꿰뚫어 알 수 없기 때문이다. 나중에야 하나님의 섭리를 이해한다.

하나님의 섭리를 생활 속에서 매일같이 체험하는 사람은 농부들이다. 그러기에 농부들은 이미 신앙인들이다. 신앙은 이해할 수 없는 현실의 상황도 이해가 되도록 해준다. 우리의 생활을 진정으로 이해한다는 것은 신앙의 힘이다.

농부들의 주름살

1997년 10월 5일

손기란 성도의 장례식을 마치고 삼우제 날이 되었다. 아침에 산소에 유가족들과 올라갔다. 경수 아빠는 잔디를 날랐다. 산소에 잔디를 더 많이 입히기 위해서이다. 손기란 성도는 뙤약볕에도 잔디를 매더니 자기 무덤에 덮을 것을 준비했는가 보다.

한 알의 밀알을 땅에 묻었다. 이씨 가문으로 시집을 와서 한 알의 밀알이 되기까지 많은 기쁨과 아픔을 겪었을 것이다. 어쩌면 한 알의 밀알로 이 땅에 태어났는지도 모른다. 더구나 여성은 한 알의 밀알이 되려고 평생을 헌신한다.

그리스도인은 신랑되시는 예수님을 모시는 한 알의 밀알이다. 밀알 하나가 땅에 떨어져 죽으면 많은 열매를 맺고 죽지 않으면 한 알 그대로 있다. 이 원리를 우리는 배워야 한다.

하나님의 창조 원리는 생명의 원리, 죽음의 원리, 결실의 원리를 가지고 있다. 인생은 이 창조의 원리를 따라서 살아야 한다.

교회 목회도 이 창조 원리를 따라야 함을 새삼스럽게 느낀다. 농촌에서 목회를 하여야 하나님의 창조 원리를 실감하게 된다. 추수하는 농부들의 얼굴 속에서 생명의 주름살과 결심의 주름살을 본다.

새곡교회 경로잔치

1997년 11월 2일

어느덧 들녘이 회색으로 변했다. 농부들은 추곡 수매날만을 기다린다. 이제 빚 갚을 일만 남은 것이다. 뼛골 빠지게 농사를 지었는데 어느 방앗간은 농민들의 쌀값을 가지고 도망을 쳤단다. 할머니는 한숨만 쉬면서 눈물을 글썽인다.

한숨 쉬는 할아버지와 할머니들은 단 하루만이라도 즐겁게 해줄 수는 없을까? 새곡교회는 추수 감사절을 맞이하여서 경로잔치를 연다. 올해도 경로잔치를 준비한다. 어느 것부터 해야 될지 엄두가 나지 않는다.

묘동교회의 경로대학에서 봉사하러 온다고 하니 기쁘다. 두 시간 정도의 프로그램에 노래 배우기, 춤추기, 장기자랑, 게임을 한다고 적었다.

아내와 메뉴판을 짠다. 음식 준비를 무엇으로 해야 할 것인가를 가지고 논란을 벌였다. 맛이 있는 것을 할 것인가? 하기 쉬운 것을 할 것인가? 선택이 쉽게 되지 않는다.

묘동교회 한 집사에게 오라고 전화를 하면서 점심을 교회에서 모두 대접한다고 했다. 그랬더니 말을 정정하라고 한다. 교회가 대접하는 것이 아니라 사모님이 대접하는 것이란다.

김 집사와 현수막을 만들었다. 일주일 쓰는 현수막 하나를 주문하면 45,000원이다. 한 푼이라도 아끼고 음식에 투자를 하여야 한다. 글자를 오리고 광목에 스프레이를 뿌리니 신기하게도 글씨가 나타났다.

'새곡교회 경로잔치'.

이러면 징역 가?

1997년 11월 16일

경로잔치를 베풀었다. 할아버지들이 많이 오셨는데 할머니들 수는 적었다. 농가 주택에서는 동리 아주머니 몇 분이 오셔서 식사 준비를 도와주었다. 서울 묘동교회 경로대학 집사님들이 늦게 도착을 했다. 오랜만에 뵙는 반가운 얼굴들이다. 오곡리까지 와서 경로잔치 봉사를 했다.

경로잔치는 나의 기도와 경로당 회장님의 인사말씀으로 시작되었다. 노인들이 예배당 안에서 즐거운 시간을 갖기는 처음이다.

첫 번째 순서로 김혜숙 집사님이 노래 지도를 했다. 추억의 유행가와 민요를 부르니 흥이 저절로 났다. 김 할아버지의 신명나는 춤이 인기였다.

두 번째 순서도 임인숙 집사님이 고전무용을 췄는데, 부채춤에 넋을 잃

었다. 화려한 부채와 한복의 치마가 멋들어지게 돌아갔다. 모두 함께 아리랑 춤을 추었다.

　춤을 본 뒤 점심을 먹었다. 며칠 동안 끓인 사골 국물로 만든 국밥은 담백했다. 현구 씨 어머니가 담은 김치도 인기였다. 서울서 온 집사님들은 연신 김치를 더 달라고 한다.

　배를 채우고 나자 김성화 집사님이 레크레이션을 이끌었다. 김 집사님의 가냘픈 소리가 힘이 났다. 처음으로 해보는 게임에 힘이 났다. 처음으로 해보는 게임에 즐거워 죽겠단다. 젊은 집사님이 어깨를 주물러 주니 한 씨 할아버지는 징역 간다며 손을 내저어서 허리를 잡고 웃었다.

항아리 속에 보화를 넣는 기쁨

1997년 11월 30일

교회 김장을 해야 한다. 배추 100포기는 해야 한다. 아내는 조금만 하자고 했다. 올해 배추 농사는 흉작이다. 배추 속이 꽉 차지 않았다. 작은 것까지 다 쳐도 일흔 포기도 안 된다. 열 포기만 더 사려고 현구 씨네 갔더니 배추가 없다.

윗집 순석 씨네 가서 배추를 팔라고 하니 배추가 부실하다면서 열 포기를 그냥 주신다. 아무래도 모자랄 것 같아서 영교네를 가서 스무 포기를 샀다. 그 집은 배추가 잘 되어서 좋은 것으로 여섯 포기 정도 더 준다. 배추를 비 오는 날에 고생고생 가지고 왔다. 아내는 배추가 너무 많다고 한다.

비 오는 날에 양 권찰님과 함께 배추를 절였다. 한 접 정도가 되니 많긴 많다. 양념이 모자랄 것 같아서 걱정이 됐다. 김장을 하기 위해서는 준비할 것이 많다. 마늘을 까다가 엄지손가락을 베어서 몹시 아프다. 오곡리 아주머니들이 생각난다. 집에서 요즈음 돈을 받고 마늘을 까주고 있다. 하루 종일 까면 4,000원 정도를 번다고 한다.

다음날 아침에 서둘러서 배춧속을 넣었다. 김 집사님과 양 권찰님 그리고 기순 씨 어머니와 은아 어머니가 오셔서 일을 해주었다. 교회를 다니지 않지만 일이 있을 때마다 봉사를 해주시니 고맙다.

음식 솜씨가 빼어난 분들이 오셔서 김장을 했으니 올해 김치도 맛이 있을 것 같다. 땅속에 묻은 항아리에 차곡차곡 넣는 기쁨이 보화를 넣는 기쁨만큼이나 크다.

컨테이너 위에 쌓이는 눈

1998년 1월 11일

새해부터 바쁜 일이 생겼다. 올해는 교회 식당을 만들어야 하고 어린이 선교원도 개설하고자 한다. 그러기 위하여 기도를 하고 있었다.

마침 컨테이너 4대를 판다는 연락이 있어 인천으로 갔다. 회사 기숙사와 식당으로 사용하던 것인데, 회사가 부도 나서 팔려고 한단다. 2년 사용한 것인데 내부 시설이 갖추어져 있어서 비용이 절감된다. 문제는 예산이다. 200만 원 이상이 부족하다.

컨테이너는 6미터짜리가 두 개, 9미터짜리가 두 개이다. 문제는 9미터짜리를 운반하는 것이다. 교회 입구까지 대형트럭이 들어오기 어렵기 때문이다. 할 수 없이 5톤짜리 트럭으로 운반하기로 했다. 운반비가 엄청나다. 컨테이너가 2층으로 된 것이라 해체 작업을 했다. 교회 성우 아빠가 새벽같이 와서 작업을 하였다. 발판을 너무나 단단히 해놓아서 해체하는 데 시간이 많이 걸렸다.

컨테이너를 실은 트럭은 단속을 피하기 위하여 새벽에나 운반을 한다고 했다. 하루 종일 일을 하고는 집으로 왔다. 새벽 3시가 되자 트럭이 도착하였다. 잠자리가 마땅치 않아서 기사들은 차 안에서 잠을 자고는 아침 7시에 작업을 시작하였다.

그런데 컨테이너 놓을 위치가 마땅치 않았다. 교회 마당에 두 개를 놓고 놀이터 옆에 두 개를 놓았다. 교회 마당이 좁아졌지만 어쩔 수가 없다. 이제는 시설 준비를 해야 한다. 예산이 없어서 할 수가 없다. 올해 어린이 선교원을 개설하기가 어렵게 되었다.

　　연대에서 같이 공부했던 과천 어린이집 원장인 맹 선생님에게 전화를 했다. 어린이 책상을 기증받을 수 있는 곳을 소개해 달라고 했다.

　　창밖으로 흰 눈이 소복소복 쌓여 가고 있다.

　　하나님의 축복이 내리는 듯하다.

새곡교회의 기도 제목

1998년 2월 1일

정월대보름 전날에는 나무를 아홉 지게를 하고 밥을 아홉 그릇을 먹는 날이다. 하지만 지금 농촌에는 기름보일러를 때는 가정이 거의 다이다. 나무를 할 필요가 없게 되었다. 그래서 산은 사람이 들어갈 수 없을 정도로 잡목이 우거져 있다. 한마디로 우리나라 산림은 그냥 내버려두는 상황이다. 산이 푸르고 산사태만 나지 않으면 된다. 북한은 벌채를 해 밭을 만들었다가 산사태가 많이 나서 식량 생산에 차질을 빚고 있다.

　　우리나라도 기름값이 올라서 나무를 때야겠다는 사람들이 늘어나고 있다. 어느 농가는 기름보일러를 뜯어내고 구들장을 놓아 온돌방을 만든다고 했다.

　　시곡리 할아버지 댁에 세배를 드리러 갔더니 사랑방에 계신다. 장작불을 때서 온돌이 뜨끈뜨끈하다. 우리나라의 산이 다시 벌거숭이가 될까 걱정이 된다.

　　동리에 사는 박재희 씨가 대보름 전날이니 저녁식사를 하러 오라고 한다. 저녁을 먹고는 동네 아주머니들과 함께 윷놀이를 하였다. 우리 편이 열

판을 이겼다. 내가 소속된 편이 이렇게 이기기는 처음이다. 윷놀이는 재미 있는 놀이이다. 목표를 향하여 가다가 잡히기도 하는 등 우여곡절을 겪게 된다. 그래서 윷판은 작은 인생판이다.

대보름날 경로당에서 오곡리 윷놀이 대회가 열렸다. 나도 가서 윷놀이 를 하였다. 새곡교회가 상품 지원을 해서 2년 전부터 윷놀이 대회를 부활 시켰는데, 올해는 동리에서 자발적으로 하니 기쁘다. 이러한 부활을 기도 드린다. 스스로 일어서는 농촌이 되기를……

내가 너와 함께한다

1998년 2월 8일

새문안교회 국내 선교부에서 새곡교회를 방문하였다. 선교부 장로님이 올 해에 새로 위원장을 맡게 되어서 방문을 하게 되었다. 충청도 지역에 후원 하는 교회의 교역자들을 새곡교회로 초청을 하였다. 면담을 하기 위함이 다. 새문안교회가 국내에 후원하는 교회가 총 100여 개 되고 그 교회의 형 편을 일일이 방문하여서 확인을 하기가 어렵다고 했다.

농어촌 교회의 현장을 확인하면서 목회자들의 어려움을 이해하게 되었 다고 한다. 귀로 듣는 것과 눈으로 확인하는 것은 커다란 차이가 있다. 세 상의 모든 것이 그렇다. 하물며 하나님 나라의 비밀은 더욱 그렇다. 그런데 도 사람들은 귀로 듣고 모든 것을 판단하려고 한다.

눈으로 본다는 것은 체험을 의미하는 것이다. 하나님의 나라는 체험을 통해서야 알 수가 있다. 예수님이 팔레스틴 지역에서 복음을 선포할 때에 사람들에게 확인을 시켜 주었다. 보고 믿으라고 했다. 그리고 마음속에 믿음을 가지라고 말씀하셨다. 겨자씨만한 믿음이라도 있으면 하나님의 나라의 비밀을 체험할 수 있음을 가르쳐 주었다. 믿음의 사람들에게 주님은 함께하신다. 그래서 믿게 하시고 체험케 하신다.

새문안교회의 김동익 목사님이 설교집을 내시었다. 나에게 보내 주신 설교집의 책 제목이 『내가 너와 함께 한다』이다. 지금 암으로 투병을 하고 계신다. 두 번째 수술을 받으셨다. 통증을 체험하면서 설교의 원고를 쓰셨다고 했다. 주님이 함께하는 설교였다.

데리러 오지 마세요

1998년 3월 1일

겨울방학 때 눈썰매장에 가서 찍은 사진을 이제야 현상했다. 봄 성경학교 사진을 같이 현상하였다. 사진 현상료도 엄청나게 올랐다. 필름 현상에 필요한 재료가 모두 수입품이라고 한다. 달러 값이 오르니 자동적으로 인상이 되었단다.

사진을 종이에 붙이고 교회 벽에 게시를 하였다. 봄 성경학교에 온 아이들이 사진을 보면서 재잘거린다. 아이들에게 좋은 추억을 심어 주는 것은 전인교육에 좋은 것이다.

사진에서 웃으며 눈썰매를 타고 있는 아이들 중에 교회를 나오지 않는 아이들이 다섯 명은 된다. 두 아이 형제는 전주로 다시 이사를 간다고 했다. 아버지가 당진으로 일을 하러 왔는데 실직을 하게 되어서 고향으로 간다고 한다.

세 명의 형제는 교회 다니는 것이 재미가 없다고 한다. 이제 그만 다니겠으니 주일날 데리러 오지 말라고 한다. 이러한 아이들에게 기쁜 소식인 복음이 무엇일까를 생각해 본다.

주보를 작성하는데 안 권찰에게서 전화가 왔다. 오곡리 3반에 사는 명열이와 재열이 형제가 교회에 다닌다고 했으니 주일날 데리러 오라고 한다. 오곡리에 처음 와서 동리에 집집마다 인사를 하러 다니는데 명열이 엄마가 고생한다면서 점심을 먹고 다니라고 해서 점심을 맛있게 먹은 집이다.

봄 성경학교를 마치고 나니 큰일을 한 듯하다. 학생회 단합대회도 하루 날을 잡아서 했다. 행사를 하고 나면 피곤하지만 목회에 힘이 생긴다. 봄 날씨가 따뜻하다.

십자가 수리, 신앙 수리

1998년 4월 26일

봄철 충남노회에 다녀왔다. 일 년에 두 번씩 모이는 노회는 지역교회의 모든 행정을 처리한다. 충남노회는 지역이 광범위해서 목회자와 장로님이 200명 가까이 오신다. 아는 분들을 오랜만에 만나니 반가웠다.

새곡교회는 이번에 노회에 가입하기로 되었다. 정치부에서 서류 심사를 마치고 본회의에서 통과가 되어야 한다. 노회의 분위기는 개혁세력과 보수세력의 갈등이 대립되고 있다. 안건 중에 이해관계가 얽혀 있는 것은 계속 논쟁이 오고간다. 노회를 사흘씩이나 해도 시간이 부족할 것 같다.

새곡교회의 가입은 마지막 날이 되어서야 겨우 통과되었다. 위기를 맞이한 이 시기에 교회 지도자들이 모여서 기득권 보호만을 위하여 시간을 낭비하고 있으니 답답한 노릇이다.

교회가 본연의 사명을 감당하려면 예언자의 모습을 가져야 한다. 예언자는 시대의 징조를 정확하게 알아야 한다. 그런데 한국 교회는 세상 사람들과 같이 우왕좌왕하고 있다. 방향 감각을 상실하고 있다.

왜 그럴까? 목표가 잘못되었기 때문이다. 목표가 십자가이어야 하는데 속세의 욕심에 목표를 두고 있기 때문이다. 십자가의 의미가 왜곡되어 가고 있다.

새곡교회 십자가를 쳐다본다. 비가 새는 십자가 탑을 벌벌 떨면서 수리하였다.

아름다운 발, 아픈 발

1998년 5월 3일

당진에 건설하고 있는 건물과 아파트 들이 공사를 중단한 지 오래다. 건물을 짓다 말았으니 앞으로 짓는다고 해도 부실 공사가 될 것 같다. 밤에 동부철강 사원 아파트 앞을 지나다 보니 아파트 두 동에 불이 켜져 있다. 공사가 중단되었는데 일부만 입주를 했나 보다. 내일 전도하러 와야겠다고 생각했다.

아침에 교회 안내지를 가지고 갔다. 아파트 주차장 마당에서는 꼬마 아이들이 놀고 있다. 전도지를 주고 말을 거니 경계의 눈초리다. 낯선 곳에 와서 그렇기도 하겠지만 요즈음 아이들은 집에서 교육을 받는다. 낯선 사람이 말을 걸거나 어디 가자고 하면 절대로 가서는 안 된다고 말이다.

어제 온 조카 현서보고 아내가 밖에 나가서 놀라고 하니 머뭇거린다. 혼자서 밖에 나가기가 두려운가 보다. 아내가 여기는 나쁜 사람이 없으니 혼자 나가서 놀아도 된다고 하였다. 내가 한마디 대꾸를 하였다.

"당신은 좋겠네. 나쁜 사람이 없고 좋은 사람만 사는 곳에서 사니 말이야!"

아파트 엘리베이터 앞에 섰다. 전도지를 돌리기 위하여 맨 위층에 가려고 했다. 그런데 엘리베이터를 가동하지 않는다. 할 수 없이 15층짜리 아파트 두 동을 오르락내리락하니 등산을 하는 것 같았다. 땀이 난다. 복음을 전하는 발이 아름답다고 했는데 다리가 아프다.

후박 향기 속에 그리스도의 향기가

1998년 5월 17일

며칠 전에 수리한 이정표 간판에 '새곡교회' 라는 글자를 썼다. 글씨를 쓰는 솜씨가 좋지 않아서 힘이 든다. 연필로 먼저 썼지만 잘 되지 않는다. 주보를 보고 그리다시피 썼다. 그런 대로 보기 괜찮다.

마을에 세웠던 이정표는 중흥리에서 들어오는 오곡리 입구에 세웠다. 새로 쓴 이정표는 박재희 씨 집 맞은편에 세웠다. 새곡교회 글씨를 읽으면서 새곡교회에 다니겠다며 찾아오는 사람이 있기를 기대했다.

온양에서 얻어 온 어린이 걸상을 페인트칠하였다. 후박나무 향기와 페인트 냄새가 뒤섞여서 어지럽다. 후박나무 향기는 감탄할 정도로 상쾌하다. 페인트 냄새를 맡다가 후박나무 향기를 맡으면 머리가 상쾌해진다.

세상에도 좋은 향기를 내는 사람이 있고, 고약한 향기를 내는 사람이 있다. 새곡교회는 이 지역에서 좋은 향기를 낼 수 있어야 하는데, 후박 향기를 맡을 적마다 그리스도의 향기를 어떻게 낼 수 있을까를 생각한다.

페인트칠을 하고 있는데 승합차 한 대가 온다. 아까 세운 이정표를 보고 교회에 다니겠다는 사람인가 하고 마중을 나가니 내 앞에 불쑥 노트를 내놓았다. 개인과 교회 이름들이 있고, 기금의 액수가 있다. 장애인협회에서 모금을 하러 왔다. 할 수 없이 새곡교회 이름을 썼다.

후박 향기가 바람을 타고 와서 내 머리를 정돈하고는 사라진다.

말씀에 뿌리를 내려야

1998년 6월 14일

완두콩을 일부 땄다. 송월선 성도님이 심으라고 주신 것이다. 줄기에 힘이 없어서 끈으로 지탱해 주어야 했다. 대나무를 박고 끈을 연결해서 위로 뻗도록 해주었더니 잘 자랐다. 수확을 하는 기쁨은 크다. 가꾸는 수고와 비례한다.

밭작물은 손이 많이 가면서도 돈이 되지 않는다. 그래서 사람들은 밭작물을 심으려고 하지 않는다. 우리나라의 식량 자급률이 30%정도밖에 되지 않는 데 문제가 있다. 더구나 올해는 밭작물이 흉년이다. 아마도 엘니뇨 현상 때문인 듯하다. 마늘은 집집마다 실패를 했다. 이제 상하지도 않고 썩

지도 않는 중국산 마늘을 사 먹게 되었다.

식량을 자급자족하는 것이 시급하다는 사실을 사람들이 인식하게 되었다. 우리 집도 밭곡식을 자급자족하기 위해 노력한다. 무공해 밭작물을 먹을 수 있다는 것은 하나님의 큰 축복이다. 오늘도 참깨 밭에 아침 일찍 나가서 풀을 뽑았다. 참깨 모 사이에 솟아난 잡초를 뿌리째 뽑는 것이 쉽지는 않았다.

잡초의 뿌리는 길기도 하다. 예수님께서 가라지를 뽑다가 알곡까지 뽑힐까 조심하라는 말씀의 이유를 알 수가 있다. 신앙이 자라려면 주님의 말씀 속에 뿌리를 깊게 내려야 한다는 사실을 실감한다.

바다를 볼 수 있는 날

1998년 7월 26일

"끝날 때까지 함께하는 그리스도"라는 주제로 여름성경학교를 마쳤다. 아이들 22명이 3일간 좋은 시간을 보내었다. 찬양과 율동을 제대로 연습을 하지 못하였다. 서투른 율동이지만 아이들이 재미있게 따라하니 고맙다. 프로그램이 다양하지 못하지만 천국 잔치의 분위기로 진행되었다.

마지막 날 몽산포 해수욕장으로 갔다. 아이들이 아침 일찍부터 튜브를 목에 걸고 동리 입구까지 나와서 손을 흔들고 야단이다. 몽산포에 가까이 가니 천둥 번개가 치면서 비가 내리기 시작한다. 비가 와도 바다를 보자 아이들은 소리 지르면서 뛰어간다. 안전을 위해 나도 함께 뛰어갔다. 바닷물이 차지 않아서 다행이다.

밀물 파도에 아이들이 신이 났다. 농촌에서 해수욕장에 올 수 있는 기회
는 성경학교 때뿐이다. 새곡교회가 생기고 오곡리 아이들은 해마다 해수
욕장에 올 수 있으니 큰 보람이다. 점심을 먹을 때도 비가 오고 바람이 불
어서 볶음밥이 지글거린다. 식사 기도를 하면서 비가 그치게 해달라고 간
절히 기원했더니 식사가 끝나자 햇빛이 들기 시작했다.

오후에는 햇빛이 뜨거웠다. 아이들이 집에 가자고 해도 물 속에서 나오
지 않는다. 성경학교가 끝날 때까지 함께하신 예수님께 박수를 보냈다.

폭우가 쏟아지던 밤

1998년 8월 16일

번개와 천둥이 치고 폭우가 내렸다. 갑자기 세상에 난리가 났다. 밤 9시부
터 폭우가 쏟아졌다. 집 앞에 있는 잔디밭이 삽시간에 바다로 변하였다. 산
과 언덕에서 쏟아지는 빗물이 사택과 교회 쪽으로 밀려온다. 급기야 밭둑
이 무너지면서 흙탕물이 집 현관 쪽으로 밀려온다.

하늘이 찢어지는 굉음에도 눈 질끔 감고 삽을 가지고 샤워장 쪽으로 갔
다. 둑을 헐고 물꼬를 돌리려고 했지만 역부족이다. 집에 물이 차게 생겼
다. 나는 아차 하는 생각이 들었다. 집이 문제가 아니라 교회 축대가 문제
다. 이렇게 폭우가 내리니 축대가 무너질지도 모른다.

번갯불에 드러난 축대는 절반 이상이 무너져 내렸다. 가슴이 뛰기 시작
했다. 무너진 쪽으로 가다가 벼랑으로 미끄러지면서 흙 속에 묻힐 뻔했
다. 발을 디디면 흙이 무너져 내렸다. 2/3 이상이 무너져 내린다. 큰일 났

다. 교회가 무너질 것 같았다. 농가 주택에도 가보았다. 다행히 아직 괜찮
았다.

육 집사님은 잠이 드셨나 보다. 집으로 달려와서 이웃집에 전화를 하게
했다. 성래를 불러서 교회 엠프와 집기를 내놓았다. 경수 아빠가 황급히 달
려왔다. 무너진 축대가 더 이상 무너지지 않게 집에 있는 하우스 비닐을 가
져오겠단다.

번갯불과 손전등에 의존하면서 비닐과 천막을 쳤다. 새벽 2시쯤 되니 폭
우가 그쳤다. 성래가 울먹이면서 하늘을 쳐다보고는 소리를 질렀다.

바뀌고 있는 삶의 기준

1999년 6월 6일

교회 공사가 끝났다. 인부들은 뒷정리를 대충하고는 저녁도 먹지 않고 서울로 올라갔다. 이번 장맛비에 교회가 끄떡없이 견디었으면 좋겠다.

비가 오면 잔디 심은 비탈에 비닐을 쳐야 한다. 삼 년 동안 그 일을 해왔는데 앞으로도 계속해야 한다. 교회 주변에 정리할 것이 너무나 많다. 다음 주로 일을 미뤘다. 새문안 국내 선교부에서 공사 확인차 월요일에 내려온다고 한다.

새문안 선교부에서 10여 명이 왔다. 공사를 한 업자도 왔다. 공사를 원래의 계획대로 하지 않고 간편한 방법으로 했기 때문에 공사비가 적게 들었다. 이번 기회에 본당에 보일러를 설치하려고 업자에게 절감된 공사비로 해달라고 하니 화를 내면서 안 된다고 한다. 선교부원들인 장로님과 집사님, 권사님들이 계신데 높은 언성으로 말이 오고갔다.

이번 공사에 신경을 많이 썼다. 그래서 내 신경이 예민해진 듯하다. 사람들이 일의 내용보다는 이익금을 많이 남기려고만 한다. 그러기에 사회 곳곳에 부실함이 생기게 되는 것이다.

3년 6개월 동안 교회 건물과 주변 환경에 많은 시간과 재정을 투자하였다. 만년 미자립 교회가 될 것 같은 농촌 교회에 도시 교회들도 보조를 하려고 하지 않는다. 새문안교회도 이제는 인구가 많은 곳에만 개척교회를 세우기로 했다고 한다. 선교의 모든 잣대는 돈과 사람이 되어 간다. 선교부 장로님은 교회가 부흥되지 않으면 문을 닫아야 한다고 한다. 아마도 하나님께서 새곡교회의 문을 닫지 않게 하려고 특별한 계획을 준비하실 것이다.

늘 아픈 농부들

1999년 7월 11일

시골에서 큰 병에 걸리면 천안으로 간다. 거기에는 순천향병원과 단국대병원이 있다. 오곡리 분이 각 병원에 한 분씩 입원해 계신다.

김봉환 할아버지는 오곡리에서 힘이 제일 센 장사였다고 한다. 술을 너무 좋아해서 몸이 많이 약해지셨다. 그래도 쉬지 않고 농사일을 하신다. 밥보다는 술로 일용할 양식을 삼으신다. 이번에 간경화증으로 입원을 하신 것이다. 침상에 누워 계신데 많이 야위었다. 우리가 가니 반가워하신다.

간호하는 부인 송월선 성도가 먼 곳까지 무얼 하러 왔느냐며 핀잔을 하면서도 고마워한다. 호수로 복수에 물을 빼내는 치료를 받고 있다. 나이가 많아서 수술을 하지 못한다고 한다. 이제는 농사일을 계속하기 힘들게 되었으니 걱정이다.

농부들은 농부증으로 고생을 한다. 거의 절반 이상이 농부증을 앓고 있다. 서너 가지의 병을 동시에 앓고 있는 농부증은 한 가지만 치료해서는 별로 효과가 없다. 가장 좋은 치료 효과는 농사를 짓지 않는 것이다.

농부들은 봄부터 가을까지 아이구, 아이구 하면서 일을 하고는 겨울 내내 병원을 다닌다. 약으로 살아가는 농부들이 이제는 대학병원에 한 자리씩 차지하기 시작한다.

단국대병원에 있는 박종희 씨에게 갔다. 복도 휠체어에 앉아 물끄러미 밖을 바라보고 있었다. 혈색이 많이 좋아지셨다. 다음 주에 퇴원을 한다고 했다. 일을 하지 말라고 한단다. 인간은 왜 병으로 고생을 하다가 죽어야 되냐며 나에게 불평을 한다. 그것은 인생 정리를 잘하라고 주는 기회라고 대답을 했다.

이제 일도 못하고 술도 못 마시게 되었으니 교회나 슬슬 다녀 보겠다며 나의 간절한 기도에 아멘을 따라서 한다.

새곡교회의 또 다른 존재 이유

1999년 7월 25일

여름수련회를 하는 기간이 되었다. 서울의 몇몇 교회가 새곡교회로 와서 수련회를 하기로 했다.

처음으로 문성교회의 아동부가 왔다. 어린이들이 중등부 학생회로 올라가고 새로 등록한 아이들이 없어서 13명뿐이라고 한다. 그런데 선생님들과 식사 봉사를 온 어른들은 10명이다. 교사들이 많은 것인지 아이들이 적은 것인지 감이 잡히지 않는다.

그런데 교사가 많으니 부럽기만 하다. 새곡교회는 교사가 1명도 없으니 말이다. 아내는 교회에 봉사자가 많아서 너무나 부러워한다.

아이들은 농촌 교회치고는 시설이 무척 편리하다며 좋아한다. 아이들이 서 씨네 잔디밭에서 공놀이를 하며 놀고 있다. 새곡교회는 전원교회로 자리매김을 하면 좋겠다고 한다. 도시의 어린이들이 이곳에 와서 마음껏 놀고 주님을 찬양할 수 있다는 것이 새곡교회의 존재 이유 중에 하나가 될 것이다.

깨끗해진 교회에 이번에는 베다니교회 학생들이 수련회를 왔다. 학생들이 9명이다. 부모님들이 수련회를 보내지 않는다고 했다. 새곡교회 학생들에게도 다음 주에 수련회에 참석을 하라고 전화를 하니 핑계가 많다. 전화를 걸 적마다 스트레스를 받게 된다.

영등포교회 청년들이 선발팀으로 와서 다음 주에 있을 농촌 봉사 활동 준비를 했다. 첫날에는 교회 행사 안내장을 돌렸다. 두 팀으로 나누어서 오곡리 집집마다 방문을 했다. 나는 4반과 5반을 맡았다. 두 청년이 나를 따라다니면서 안내장을 돌렸다. 골짜기마다 집들이 한두 채씩 있으니 신기하다고 한다. 눈에는 보이지 않는데 가보면 집이 있다. 무더운 날에 땀으로 목욕을 하면서 다녔다.

교회가 좋은 일을 한다고 안내를 하니 힘들면서도 기쁘다. 마을 사람들은 교회에 나가지도 않는데 이렇게 좋은 일을 해주니 너무나 미안하다고 한다. 오곡리도 외지 사람들이 많이 이사를 와야 된다고 한다. 그래야 교회에 사람들이 늘어날 것이라고 한다. 자신들은 교회에 갈 생각을 전혀 하지 않으려고 한다.

더위를 피하여 정자나무 밑에서 세월을 낚는 어른들의 마음이 먼저 복음으로 열리기를 기도한다.

농촌 목회자의 어려움

1999년 8월 22일

계속되는 태양빛에 고추와 참깨가 잘도 마른다. 참깨는 두 번에 걸쳐서 털었다. 지난번 장맛비에 밭둑이 무너져서 밭을 일부분 덮어서 속이 상했는데 쏟아지는 참깨를 보니 기뻤다. 밭은 속이는 법이 없다. 심은 대로 거둔다. 허리가 아프도록 곡식을 가꾸면 그대로 소출이 생긴다.

우리나라는 잡곡을 거의 다 수입하고 있다. 자급자족을 한다는 것은 매우 중요하다. 농사를 지으면서 목회를 한다는 것은 좋은 일이다. 목회자들이 농사를 지으면서 자급자족을 할 수 있다면 그것도 좋을 것이다.

농촌 목회자 수련회에서 만난 목회자들은 농번기 때가 어렵다고 한다. 농민들의 눈치를 보아야 하기 때문이다. 남들은 바쁘게 일을 하는데 놀 수가 없기 때문이다.

며칠 동안 참깨를 말렸다. 아내가 계속 수고를 했다. 나는 곁에서 조금씩 거들어 주었다. 오늘은 참기름을 짜라고 한다. 들통에 담으니 생각보다 많다. 고운 참깨의 낟알이 부드럽다. 이 작은 한 알의 참깨를 얻기 위해 사람의 손이 몇 번이나 갔을까를 생각해 본다. 쌀처럼 마흔 번은 갔을 것이다.

방앗간에 가져가 짜니 서너 병이 나온다. 참기름 냄새가 고소하다. 이것이야말로 진짜 참기름이다. 가짜 참기름이 시중에 판을 친다고 하는데 진짜 참기름을 먹는다는 것은 행운이다. 고소하고 맛 나는 참기름을 몇 병 가지고 오니 부자가 된 듯 뿌듯하다.

인생을 살아가는 것도 진짜 참기름처럼 고소하고 맛깔났으면 좋겠다. 들려오는 소식들은 화나는 것들이 대부분이다. 사람들이 참기름처럼 맛을 내면서 살아갔으면 좋겠다.

내 인생은 어떠한 맛깔이 날까? 나의 목회는 고소하면서도 맛깔이 나고 있는가?

교우들 한 사람 한 사람을 떠올리면서 새벽에 기도를 한다. 그들이 참기름 같은 삶을 살기를 기도한다.

양떼를 돌본다는 것

1999년 9월 5일

요즈음 나는 병원에 자주 간다. 내가 치료를 받기 위해서가 아니라 환자를 모시고 간다. 몸을 거동하기가 어려운 동리 분들이다. 어저께도 두 군데의 병원을 다녀왔다.

아침에는 박종희 씨를 모시고 당진병원에 갔다. 고관절 수술 후에 염증으로 고생을 많이 하신다. 이제는 일도 못하고 몸과 마음이 괴롭다면서 교회에 나오기 시작했다.

몸이 아프면 서럽다. 몸이 아플 때에 옆에 친구가 있으면 그보다 더 좋을 수는 없다. 그래서인지 예수님은 아픈 사람들의 친구가 되어 주셨다.

목회는 목양이다. 목양은 양떼를 돌보는 것이다. 돌봄이라는 것은 아픈 사람에게 각별한 관심을 가지고 치료해 주는 일이라고 할 수 있겠다. 돌보는 일은 세심한 배려를 필요로 한다. 이 일을 하는 것이 목회라는 생각을 요즈음 많이 하게 된다.

지난 주일 오후에 구로동에서 민중교회를 하는 강 목사님이 오셨다. 몸의 균형이 약간 흔들리는 걸음을 걸으며 오신다. 강 목사님은 허리 디스크로 걸음을 걸을 수 없다는 진단을 받았다. 그런데 걸어서 오는 것을 보니 기적과도 같았다.

7개월간을 휠체어를 타고 병원에 있었다고 했다. 의사들이 수술을 하라고 했는데 본인이 수술을 거부하고 꾸준히 약물치료와 물리치료를 통하여 걷게 되었다고 한다.

강 목사님은 민주화 운동을 하다가 안기부에 끌려가서 심한 고문을 당했다. 정신적인 발작을 일으킬 정도로 고문을 당했다고 한다. 그때 다친 허리가 이제 나이가 드니 악화된 것이다. 강 목사님은 이제야 아픈 사람들의 심정을 공감할 수 있다고 한다.

나도 아픈 사람의 심정을 공감하기 위해 중병으로 고생하는 김봉환 씨를 모시고 천안병원에 다녀왔다. 송월선 씨는 돌아오는 길에 환자 옆에서 졸고 있다. 밀린 농사일을 하느라 입술이 다 부르텄다. 농민은 아픔과 죽음의 지경에 이르러도 일 때문에 슬퍼하거나 괴로워할 여유가 없다.

하나님의 대리자

1999년 10월 10일

토요일 학생회 예배를 위하여 학교에 간다. 학생들을 데리러 오는 차들이 하나둘씩 늘어난다. 이제는 기지시 성결교회 차도 와서 학생들을 태우고 간다. 새곡교회가 시초를 해서 다른 교회 학생들도 차를 보내 달라고 요청을 했나 보다.

요즈음 몇 명의 학생들이 교회에 나오지 않는다. 부모님들이 다니는 교회로 갔다. 학생들이 예배 인도하는 방법을 배우는 중이다. 강대상에 나와서 사회를 보는 것이 어색하더니 이제는 좀 나아진다. 교회생활을 하는 데에 한 가지씩 배워 가는 즐거움이 있다. 그런데 사람들은 교회에 나오면 한꺼번에 모든 것이 원하는 대로 바뀔 것을 기대한다.

중흥리 약국에 들러 영양제를 샀다. 김봉환 씨 댁에 가니 마당에서 나와 보건소 소장님을 기다리고 있다. 동리 아주머니가 나를 보고는 "아저씨 좀 고쳐 주라”고 한다. 내가 “하나님이 고쳐 주셔야죠” 하니 “목사님이 하나님 대리자니까 고쳐 달라는 거죠” 하며 걱정스런 얼굴로 나를 쳐다본다.

오늘 보건소 소장님과 약속을 하였다. 김봉환 씨는 음식을 먹지 못해서 피골이 상접해졌다. 지난주에 병상 세례를 받을 때만 해도 눈빛에 힘이 있었다. 그런데 지금은 정신이 오락가락한다며 나를 애처롭게 바라본다.

김봉환 씨는 나에게 미안하다고 했다. 무엇이 미안하냐고 물으니 교회에 나가지 못해서 미안하단다. 건강할 적에 교회에 나가지 못해서 미안하다는 뜻인가 보다. 살고 싶은 욕망이 강한가 보다. 아내에게 병원에 입원을 시키지 않아 병이 더 악화되었다고 한단다. 이제 소장님이 오셔서 영양제를 놓아 줄 것이라고 하니 고맙다는 듯이 고개를 끄떡이신다.

나는 기도를 하였다. 하나님의 나라를 소망하고, 주님을 바라보면 고통을 이기게 해달라고 했다. 하나님의 대리자가 기도해도 능력이 나타나지 않아 죄송했다.

하늘을 섬기는 농사

1999년 10월 24일

『노자』에 “사람을 살리고 하늘을 섬기는 데는 아낌만한 것이 없다”라는 말이 있다. 이 구절을 이현주 목사는 “사람을 살리고 하늘을 섬기는 데는 농사만한 것이 없다”라고 의역을 한다. 참으로 공감이 가는 번역이다.

60억의 인구가 살아가기 위하여 애를 쓴다. 인간들의 21세기의 과제는 굶어 죽지 않고 살아남는 것이다. 살아가기 위하여 일을 한다. 요즈음 농촌은 너무나 바쁘다. 엎어진 벼를 세우며 탈곡을 하느라 부은 얼굴들이다.

교회 밭에도 추수할 것이 많다. 고구마를 캤다. 고구마 농사는 실망이다. 고구마가 물고구마가 되어서 맛이 없다. 그래도 잘된 것은 콩 농사다. 약콩을 심었는데 잘되었다. 콩나물로 키워서 먹어도 맛이 아주 좋다. 이제 맛 나는 콩나물을 자주 먹게 되었다.

마당에 콩을 널고는 바싹 말린 다음에 엑셀 파이프 도막으로 도리깨를 대신하여 타작을 했다. 콩깍지를 바람에 날려 보내야 콩이 깨끗해진다. 바람이 불지 않아서 콩껍질과 흙은 콩과 함께 그냥 떨어진다. 창고에 있는 대형 선풍기를 꺼내서 돌리니 새까만 콩알이 바닥에 차곡차곡 쌓인다. 새끼 염소 똥처럼 말이다.

달밤에 탈곡을 하는 소리가 요란하게 들린다. 이제 보름달이 다 되어서 밤이 밝다. 저 달이 동그랗게 되면 내 생일이다.

달은 자신이 스스로 빛을 내지 못하지만 빛을 받아서까지 밤을 밝게 해주니 대견하다. 가을의 밤을 밝히듯이 사람을 살리고 하늘을 섬기는 농부들의 마음을 밝게 해주기를 기도한다.

속이 상한 영교 아버지는 소주를 들이켜면서 내 손을 잡고 하소연한다. 40마지기 논에 벼들이 엎쳐서 싹이 나고 있으니 도와달라고 한다. 논에서 일을 하느라 온몸이 흙투성이다. 술이 취해서 벌게진 얼굴로 나를 잡고는 할 얘기가 많다고 한다. 속상한 자기의 이야기를 들어달라고 한다.

나는 이제 그만 하시라고 하며 자리를 떴다.

서글픈 농촌의 모습들

1999년 11월 21일

오곡리에 사건이 몇 가지 일어났다. 추수철이 되면 도둑을 맞는 일이 종종 일어난다. 2반과 3반에서 커다란 개를 두 마리 도둑맞았다.

오늘 아침에 박종희 씨한테서 전화가 왔다. 우리 집에서 사간 강아지와 큰 개를 도둑맞았다고 한다. 아침에 개밥을 주려고 가보니 개가 한 마리도 없단다. 아침밥을 먹고는 가보았다.

윗집의 오씨 아저씨와 규호 아빠가 강아지를 네 마리 들고 온다. 어떻게 된 것이냐고 하니 개가 집을 나간 것이라고 한다. 그런데 강아지 세 마리가 없다. 아무리 찾아보아도 없다. 누군가가 길거리에 돌아다니니까 집어간 듯하다.

정이 든 강아지인데 잃어버렸으니 속이 상한다. 아저씨는 그나마 네 마리를 찾았으니 다행이라고 했다. 농촌에서는 짐승을 먹여야 용돈이라도 장만할 수가 있는 것이다.

오곡리 3반에 양계장이 올 초에 생겼다. 닭 냄새가 날까 보아 염려를 했다. 지난 주긴에 그곳에 갔다가 구 씨에게 고구마 한 상자를 얻기도 했다.

어제 저녁에 소방서 차가 앵앵거렸다. 연기 나는 곳을 보니 양계장이었다. 양계장 하우스가 불타버렸다고 한다. 다음날 양계장에 갔다. 하우스 3동이 앙상하게 뼈만 남아 있었다. 양계장을 하는 젊은이를 만났다. 신혼 초인 젊은이는 오곡리에 들어와서 양계를 하기 시작한 것이다. 올 여름에도 닭 몇 마리를 주어서 키우다가 곰돌이 개가 물어 죽였다. 젊은이와 이야기를 하면서 위로를 해주었다.

새곡교회 들어오는 진입로가 바뀌었다. 우체부가 갑자기 진입로가 왜 바뀌었느냐고 묻는다. 웃으며 진입로가 남의 땅이라서 그렇다고 했다. 교회 진입로 때문에 그동안 스트레스를 받았다. 진입로 공사를 하고 주차장에 자갈도 다시 깔고 나니 말끔하다.

길이요 진리요 생명이신 주님께 오는 길을 다시 한 번 새롭게 만들고 싶었다.

채우지 말고 비우자

1999년 12월 12일

요즈음 텔레비전 프로그램 중에 '노자와 21세기' 라는 것이 있다. 동양 철학자이면서 한의사인 김용옥 교수가 강의를 한다. 매우 좋은 강의라서 시리즈를 계속 본다. 노자 사상이 21세기를 맞이하는 우리들에게 좋은 메시지를 주고 있다는 사실을 깨닫게 된다. 도덕경의 내용과 성경의 내용 중에 근본적으로 일치하는 부분이 많아서 흥미를 더욱 갖게 한다.

노자의 비움(虛)의 사상이 주님이 이 땅에 오심의 사건과 관계가 된다. 하늘 보좌의 영광을 버리고 이 땅에 오신 예수님은 비움 그 자체였다. 예수를 믿고 따른다고 하는 그리스도인들은 비움을 거부하고 욕망을 채우기 위하여 애를 쓰고 있다. 비우지 못함으로 쓰임을 받지 못하는 우리네 인간들이다.

농촌 교회에서 목회를 하면서 비움의 원리를 배우게 된다. 눈에 보이는 자연의 원리 속에 비움의 원리가 있기 때문이다. 교회 주변의 나무들은 비움을 열심히 하고 있다. 겨울을 이겨내고 봄을 맞이하기 위해서는 가지만을 가져야 한다. 그러기 위해서는 아픔을 겪어야 할 것이다.

요즈음 40일 작정 기도회를 하고 있다. 욕망을 채우기 위한 기도가 아니라 비움을 이루기 위한 기도이다. 오랜만에 어머님이 오셔서 기도회에 참여를 하셨다. 내 귀에 들린 기도 소리는 "주님의 뜻대로 하옵소서!"였다.

이번 주일은 성서주일이다. 올해 백 회째 맞이하게 되었다. 조선을 성서 위에 바르게 세우자고 외쳤던 김교신 선생님의 메시지가 필요한 현재이다.

새곡교회가 이 일을 어떻게 감당할 수 있을까를 기도한다. 지역 사회를 복음으로 변화시키는 일이 새곡교회의 과제다. 비움을 실천하지 못함으로 주님에게 쓰임을 받지 못하는 안타까움을 극복하기 위하여 오늘도 썰렁한 예배당에서 기도를 한다.

빈 장의자에 천사들이 가득 앉아 있는 듯하다.

2부
·
생육하고 번성하라

(2000. 1. 23 ~ 2006. 12. 24)

호떡 하나에 행복이

2000년 1월 23일

인천 한길교회 학생회가 우리 교회에 수련회를 왔다. 이 목사가 승합차로 12명의 학생을 데리고 왔다. 학원에 다니는 학생들이 있어서 많이 오지를 못했다고 한다. 교사도 오지 못했다. 아직도 개척교회 모습을 벗어나지 못하고 있다.

교회의 위치가 가난한 사람들이 많이 사는 곳이다. 사람들은 가난을 싫어해서 가난한 교회에 다니려고 하지 않는다. 학생들을 지도하는 교사가 없어서인지 학생들은 준비물을 제대로 갖고 오지 않았다. 쌀과 라면, 그리고 카레만을 가지고 왔단다.

한겨울에 교회가 떠들썩하니 교회에 생기가 돈다. 교회방에 보일러를 틀고 담요를 주었다. 수련회 프로그램은 단조롭다. 이 목사가 프로그램의 모든 것을 주관한다.

이튿날에 새곡교회 학생들을 불렀다. 한길교회 학생들과 발야구, 피구를 했다. 처음에는 서로가 서먹서먹하더니 경기가 벌어지니까 열기를 더해 간다. 교회 앞 잔디밭은 훌륭한 그린 필드이다. 학생들에게는 신나게 노는 것이 제일 좋은 프로그램이다.

학생들에게 추억에 남는 것을 한 가지 해주려고 호떡을 구웠다. 오전에 온양의 형님이 호떡 재료를 보내 왔다. 처음 해보는 호떡 반죽이다. 물을 따뜻하게 데워서 수제비를 반죽하듯이 질게 반죽을 했다. 따뜻하게 두어야 반죽이 잘 부풀어 오른다. 거실 창에 햇빛이 잘 비친다. 잘못될까 봐 반죽을 조금만 했다.

학생들이 프로그램을 모두 마쳤다. 호떡 반죽이 두 시간 지나니 잘 부풀어 올랐다. 학생들을 모아 놓고는 호떡 굽기를 시작했다. 호떡 굽는 냄새가 교회 마당에 진동을 한다. 호떡은 기가 막히게 맛이 있다. 구워지기가 무섭게 없어진다. 반죽을 많이 할 걸 너무나 적다.

이번 주일에는 많이 반죽을 해서 호떡 파티를 해야겠다. 호떡처럼 맛이 있는 교회생활, 신앙생활이 이루어졌으면 좋겠다.

생수의 의미

2000년 2월 13일

물탱크의 자동센서가 고장 난 지 몇 달이 되었다. 물탱크에 물이 떨어지면 수동으로 작동을 해야 한다. 틀어 놓고는 깜박 잊어버려서 물탱크에 물이 넘치기 일쑤이다. 아까운 생수가 허비되면 하나님한테 죄송스러워진다.

그런데 지난번 추위에 모터의 캡이 얼어서 터져버렸다. 물이 자꾸만 샌다. 날이 좀 풀려서 마음먹고 수리를 하려고 달려들었지만 내 힘으로는 되지 않는다. 모터 기술자를 불러서 수리를 의뢰하였다. 내가 물탱크에 몇 번씩 올라가도 꼼짝 않더니 기술자가 올라가니 쉽게 된다. 모터도 정상적으로 돌아간다. 물을 쓰는 데에 한동안은 신경 쓰지 않아도 될 것이다.

물은 모든 생명에게 반드시 필요한 것이다. 지하 암반수를 마실 수 있다는 것이 커다란 복이다. 물은 그냥 물이 아니라 생수이다. 살리는 물이다. 그래서 예수님도 자신을 생수로 표현했다. 태일생수太一生水라는 말이 『노자』에 나온다. 태초에 물이 생기게 되었다는 것이다. 그 물은 생명을 살려서 우주만물을 생기게 하였다. 물은 창조의 힘이 있다.

예수님은 수가성에서 동리 사람들 몰래 물을 길으러 온 여인에게 영원히 목마르지 않는 생수를 주겠다고 했다. 그 생수의 의미를 깨달은 여인은 자신의 부끄러운 삶의 모습도 개의치 않고 동리 사람들에게 생수이신 예수님을 전하였다.

기삼 씨의 소개로 금곡리에 홀로 사는 아주머니에게 갔다. 폐허가 된 집에서 전깃불도 없고 보일러도 없는 냉골에서 벌벌 떨며 살고 있었다. 동리에서는 나가라고 물도 주지 않아서 몰래 떠다 먹는다고 했다.

설날이 다가와서 쌀과 야외용 가스버너를 가져다주었다. 모닥불을 피워서 얼어붙은 물병을 녹이고 있었다. 이 아주머니에게 생수는 어떤 것일까 생각해 본다.

수가성의 한 여인이 우리나라로 이사를 온 듯하다. 그런데 이 수가성의 여인은 예수님을 만나지 못한 것 같다.

성령의 씨

2000년 8월 27일

아내가 참깨를 서둘러 털었다. 내일부터 비가 온다는데, 비가 오면 싹이 나기 때문이다. 요즈음은 참깨 때문에 신경이 많이 쓰였다. 교회 마당에서 참깨를 모두 털었다. 모든 곡식은 심을 때와 가꿀 때, 그리고 추수할 때가 있다. 이때를 놓치면 제대로 알곡을 얻을 수가 없다.

올해에 참깨를 심을 때는 몹시 가물었다. 싹이 잘 나지 않아서 밑에 밭은 두 번 씨를 뿌렸다. 시작부터가 좋지 않았다. 그런데 씨를 심는 시기가 적기였고 날씨가 좋아서 제법 잘 자랐다.

농사는 농부 혼자서 짓는 것이 아님을 새삼 깨닫게 된다. 농사는 하나님과 동업을 하는 것이다. 그럼에도 동업자인 하나님께 감사할 줄 모르고 결산을 나누지 않는 존재가 인간일 것이다. 재물을 하늘에 쌓아 두라고 하는 것은 하나님의 몫을 하나님의 뜻에 맞게 사용하라는 것이다. 이 말씀에 순종하는 것이 그리스도인의 물질생활이다.

참깨를 터는 것도 재미가 있다. 포장에 떨어지는 깨의 소리가 리듬감 있게 들린다. 한 손에 잡은 다발에서 깨가 많이도 쏟아진다. 두들기면 계속 쏟아진다.

작고 하얀 참깨가 나에게 깨우쳐 주는 것이 있다. 하나님은 우리를 두들겨서 하나님이 영글게 하신 성령의 씨를 쏟아내게 하신다. 이 씨는 생명의 씨다.

우리 안에는 하나님이 영글게 하신 성령의 씨가 무수하게 많다. 그런데도 우리는 그 씨를 세상 속에 쏟으려고 하지 않고 속에 감추려고만 한다. 하지만 하나님은 여지없이 우리를 두들기신다. 하나님의 손에 잡힌 사랑의 매는 버려지지 않는다.

오늘도 나의 심령에 아픔이 느껴지면 하나님의 사랑의 매를 맞은 것이다. 그럴 적마다 하나님의 축복인 성령의 씨를 쏟아내야 한다. 우리 주변에 성령의 씨를 필요로 하는 영혼들이 많기 때문이다.

참깨를 가지고 기름을 짜면 진짜 참기름이 된다. 부드럽게 하고 맛나게 하는 참기름은 좋은 양념이 된다. 맛없는 이 세상 속에 성령의 씨가 양념으로 쳐지면 이 세상은 구수하고 맛이 나게 될 것이다.

개와 인간의 다른 점

2000년 9월 10일

수지에 있는 새누리교회 문화교실에 가서 미술 심리치료 강의를 하였다.

저녁때에는 성래한테서 전화가 왔다. 곰돌이가 집에 들어가지 않고 호떡 기계 포장 밑에 엎드려 나오지 않는다고 한다.

며칠 전부터 새끼를 낳을 준비를 하느라 땅을 팠다. 출산 예정일이 3일이 남았는데 벌써 낳으려나 보다. 이에 대비해서 곰돌이가 새끼 낳을 집을 지었다.

물탱크 옆 밤나무 밑에다가 개집을 큼직하게 짓는 작업을 했다. 교회 뒤편에 쌓아 놓은 파이프를 가지고 골조를 만들었다. 철망으로 둘레를 쳤는데 철망이 모자란다. 온양 형님 농장에 가서 송판으로 만든 받침대를 가져왔다. 그것으로 지붕을 만들고 바람막이로 세웠다. 비닐을 덮고 보온 덮개를 덮기만 하면 완벽한 곰돌이의 집이 된다. 새끼들이 놀 수 있는 공간도 마련이 된다. 며칠간 작업을 했는데 마무리가 되지 않은 상태이다.

성래에게 양 집사한테 볏짚을 얻어 와서 자리를 깔아 놓으라고 했다. 집에 와서 보니 곰돌이가 보이지 않는다. 교회 주변을 돌아다니며 곰돌이를 불렀다. 그래도 반응이 없다. 소나무 숲으로 가보니 강아지의 신음이 들린다.

손전등으로 살펴보니 곰돌이가 새끼 네 마리를 낳고는 핥아 주고 있다. 새끼를 낳을수록 미리 집을 마련해 주지 못한 것이 미안했다. 급한 대로 샤워장에 짚을 깔고 새끼를 데리고 왔다.

곰돌이는 새끼를 빼앗길까 봐 펄쩍펄쩍 뛰면서 따라왔다. 눈도 제대로 뜨지 못한 새끼를 연신 핥아 주면서 헉헉거린다. 무척이나 힘이 드나 보다. 아내가 우유를 주니까 헐떡거리면서 잘도 먹는다.

내가 곰돌이에게 새끼를 여덟 마리 낳아야 된다고 주문을 했다. 전번에도 여덟 마리를 낳았다. 다음 날 아침에 보니 곰돌이는 여덟 마리의 새끼들을 핥아 주고 있다.

당진에 가서 곰돌이 죽을 끓여 주기 위해 북어 부스러기를 잔뜩 사왔다. 끔찍하게도 새끼를 돌보는 것을 보면 사랑을 상실해 가는 인간들보다도 나은 것 같다.

사이버 교회의 등장

2000년 9월 24일

인터넷에 들어가서 새곡교회 홈페이지를 연다.(www.saegog.or.kr) 교회의 아름다운 전경이 첫 화면에 보인다. 들어가기를 누르니 메뉴가 나온다. 교회 안내, 새곡이야기, 상담방, 동아리방, 게시판, 자료실이 있다. 일일이 클릭을 하였다. 새곡이야기를 올렸다.

이제는 메뉴판에 내용을 입력해야 한다. 자료들이 풍부해야 방문객들이 자주 들어온다. 알찬 사이트를 운영하려면 시간을 투자해야 한다. 메뉴판

" 환영합니다!! 사랑과 섬김으로 상담목회를 하는 새곡동산입니다. "

>>>들어가기>>>

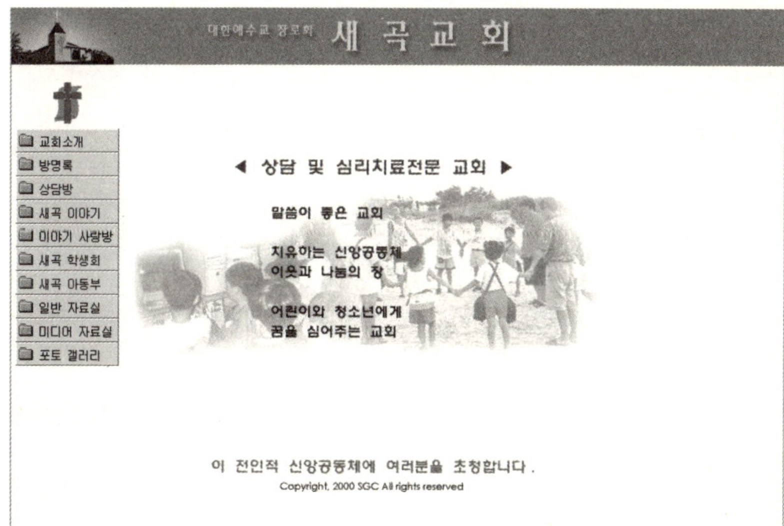

중에 게시판이 되지 않는다. 사이트 관리회사에 전화를 하니 고쳐 주겠다고 한다. 나중에 다시 열어보니 내가 입력한 내용들이 모두 사라졌다. 아니 이럴 수가! 게시판 설정을 다시 하고는 내용들을 새로 입력하였다. 그러느라 주보 작성도 하지 못하고 설교 준비도 하지 못했다. 인터넷 사이버 교회를 운영하느라 이 땅 위에 있는 교회에 지장이 생긴다. 그러나 도움이 될 때가 올 것이다.

하나님이 땅만을 창조하시지 아니했다. 우주의 모든 공간을 창조하셨을 뿐만 아니라 인터넷의 사이버 공간도 창조하셨다. 우리가 하나님의 창조 공간을 닫아버리면 이것도 게으름이다. 사이버 공간을 통하여 하나님의 구원 사역을 이루어 가야 한다.

사이버 바다를 항해하는 영혼들 중에 인터넷 교회에서 안식을 하고 병들고 지친 영혼을 치유할 수가 있다. 인터넷은 복음을 증거할 수 있는 유용한 도구다.

이제 새곡교회는 오곡리를 출애굽 할 수가 있게 되었다. 땅끝까지 복음을 전하라는 예수님의 지상명령이 새롭게 추가되어야 한다. 사이버 공간까지 증거하라!

주님의 지상명령을 실행하기 위해서는 새곡교회 사이트를 홍보해야 한다. 교회 안내 팸플릿에 새곡교회 사이트 주소를 일일이 적었다. 그동안 구석에서 잠들어 있던 전도지가 햇볕을 보게 되었다.

나는 만나는 사람마다 교회 안내지를 주면서 홈페이지에 들어오라고 권면을 한다.

덜 익은 밤송이

2000년 10월 8일

요즈음 주일학교 어린이들이 교회 결석을 많이 한다. 아이들을 위한 좋은 프로그램을 자주 하지 못하기 때문에 그런 것 같다.

가을이 되었으니 전인적인 건강을 위한 프로그램을 준비하여야 한다. 김 전도사님이 자기네 밤나무 동산에 가서 밤 줍기를 하자고 한다. 좋은 아이디어다. 이번 주일 오후에 하기로 해서 주보에 광고도 내지 못했다. 오후 예배 시간에 가기로 했다. 아이들에게 큰 소리를 칠 수가 있게 되었다. 아이들은 프로그램 하는 것을 좋아한다.

주일날 아침 안개를 뚫고 아이들을 데리러 갔다. 길에 정지해 있는 승합차를 추월하는데 그 차가 갑자기 좌회전을 한다. 급브레이크를 밟고 핸들을 틀었다. 우리 차는 길 옆 밭에 박치기를 하였다. 다행히 충돌은 하지 않았다.

그 차는 염광교회 차였다. 학생들을 태우고는 교회로 가려고 진입하려던 참이었다고 한다. 순간적으로 커다란 인명 사고가 날 뻔하였다. 우리 차는 앞 범퍼 왼쪽이 찌그러졌다. 새 차가 헌 차로 변했다. 시간이 없어서 나중에 이야기를 하자며 헤어졌다. 알고 보니 교통 법규상 내가 추월했기 때문에 과실이라고 한다. 애매한 교통 법규이다. 운전을 조심하라는 사인인 것 같다. 일 년에 한 번 정도는 작은 사고를 경험하게 된다. 이러한 경험이 큰 사고를 예방하게 하는 듯하다.

밤 줍기 프로그램이 있는 날인지도 모르는데 아이들이 평소 때보다 많이 나왔다. 밤나무 밑에 풀을 깎아 놓아서 밤을 줍기가 좋다. 3일을 깎았다고 한다. 아이들은 밤을 잘도 줍고 밤송이를 잘도 깐다.

내가 막대기로 덜 벌어진 밤송이를 가지고 땀을 흘리니 김 전도사는 두들겨야 잘 나온다고 가르쳐 준다. 덜 익은 밤송이는 힘이 든다. 익은 밤은 저절로 땅에 떨어진다. 밤알을 주우면서 신앙의 성숙도를 느끼게 된다. 성숙하지 못한 신앙은 나뭇가지에서 떨어지지 않는 덜 익은 밤송이와 같다.

땅으로 떨어지지 않으려는 스스로를 되돌아본다.

만 원짜리 배춧잎

2000년 12월 3일

김장을 준비한다. 배추밭의 트럭들에 배추가 높이 쌓여 간다. 트럭에 쌓이는 배추처럼 농부의 호주머니에 만 원짜리 배춧잎이 쌓여 갈까? 농부가 돌아서서 피우는 담배 연기가 허공을 찌른다. 그 찌름은 아무런 흔적도 남기지 않는다.

얼마 전 농부들이 고속도로를 경운기와 트랙터, 그리고 트럭으로 막아 버려서 난리가 났었다. 언론은 큰일이 난 것처럼 호들갑을 떤다. 언론은 항상 사건이 터지면 흥미 위주로만 보도를 한다.

농민들의 분노를 일찌감치 알면서도 보도를 하지 않는다. 관변 단체의 기자 대기실에만 기웃거리니 민중들의 아픔과 한을 취재할 리가 없다. 그런 것을 취재해 봤자 기사에 실리지도 않는다. 신문에 잘 실리는 것은 흥미 위주의 사건뿐이다. 배추가 트럭에 실려서 팔리는 밭은 다행이다. 아직 팔리지 못한 밭의 배추가 고개를 숙이고 있다.

　교회에서 쓸 김장 배추를 사려고 석포리 김 전도사 댁에 갔다. 좋은 배추를 알아봐 달라고 했었다. 그런데 동리에 팔려고 재배한 배추는 농약을 많이 쳐서 사기에 께름칙하다며 전도사 님은 자신의 집에서 재배한 유기농 배추 30여 포기를 준다. 무도 얻어왔다.

　우리 집에서 심은 배추는 포기가 앉지 않았다. 시기가 조금 늦기도 했지만 거름과 물을 충분히 주지 않았기 때문이다. 곡식은 심을 때와 추수할 때를 잘 지켜야 한다. 세상만사는 이처럼 다 때가 있는 것이다. 때를 놓쳐서 낭패를 당하는 경우가 많다.

　우리나라의 정치와 경제 등은 개혁의 때를 놓쳐서 지금 낭패를 당하고 있다. 답답한 현실이다. 힘이 있고 가진 자들은 어째서 그때를 모를까? 어쩌면 모르는 것이 아니라 알면서도 자기의 유익을 구하려고 국민들까지도 그때를 알지 못하게 언론 플레이를 하기도 한다.

　메시아가 이 땅에 왔을 때도 그리했었다.

성탄 새벽송

2000년 12월 31일

새곡교회 창립 이후로 성탄 새벽송은 처음으로 했다. 학생회와 아동부가 참여를 했다. 구역을 두 팀으로 나누어서 하니 시간은 많이 단축된다. 내가 속한 구역은 비디오 촬영까지 했다. 아이들이 무척이나 좋아했다.

　기범이네를 처음으로 갔다. 팬티 바람에 허둥대며 옷을 입고는 나와서 멋쩍게 선다. 이번 주일부터 교회에 열심히 나오기로 했다. 오곡리에 혼자 사는 할머니에게도 갔다. 처음에는 어리둥절하시더니 지갑을 찾아 만 원을 준다. 광대골로 한 바퀴를 돌았다. 은경이는 과자를 담은 자루가 점점 커져서 좋아한다.

　교회에 잘 나오지 않는 가정과 노인들만 사는 가정에는 과자 선물을 드렸다. 맡은 집을 다 도니 눈이 내리기 시작한다. 화이트 크리스마스가 되었다. 찬바람을 맞으면서 논둑길을 걷는 것도 좋은 추억이 된다.

　다른 팀은 걸어 다니느라 힘들었다고 한다. 오뎅과 케이크를 준비했다. 케이크가 두 개다. 하나는 예수님 생일 케이크이고 다른 하나는 교회 5주년 생일 케이크이다. 생일 노래를 2절까지 불렀다. 오후 4시부터 아이들은 게임을 하고 연극을 했다. 밤늦게까지 있는데도 피곤하지 않은 것 같다. 집에 가는 것이 아쉽다고 하지만 집에 데려다주었다.

그날 문이 잠긴 가정과 가지 못한 가정에는 평일날 아내와 함께 과자 선물을 가지고 방문을 하였다. 성호 할머니는 땀을 흘리면서 개죽 쑬 나무를 하고 계신다. 과일 장사를 하러 오류동에 간 성호네는 장사가 되지 않아서 가게 문을 닫아버렸다고 하니 마음이 아프다. 돈을 벌어야 오곡리에 다시 온다고 했는데 어렵게 되었다. 혜지 할머니는 아들이 음주운전으로 구속이 되어서 핼쑥한 모습으로 누워 계신다. 경로당 한 회장님도 투병 생활을 하느라 고생을 하신다.

아픈 사람들에게 성탄의 좋은 소식이 있기를 기도하였다.

두 번 무너진 차고

2001년 1월 14일

폭설이 내리는 새해 첫 주일이다. 우리 세 식구는 일찍 일어나서 눈을 치웠다. 언덕길까지 치우고 나니 함박눈이 더 많이 내린다. 아무래도 아이들을 데리러 가지 못할 것 같았다. 아이들에게 전화를 했다. 걸어올 수 있으면 걸어오라고 했지만 아무도 오지 않았다.

새해 첫 주일부터 어린이 예배는 드리지 못했다. 어른 예배도 몇 명이 드렸다. 5년 전에 교회를 개척했던 초기의 예배 광경이다. 새해 첫 주부터 하나님이 심술을 부리시는 듯하다. 새곡교회가 두 번째로 개척을 시작한 듯하다. 개척 첫 예배를 드리는 심정으로 예배 인도를 하고 설교를 했다.

예배 후에 공동 식사도 하지 못했다. 점심을 먹고는 차고에 차를 빼려고 갔다. 아직 무너지지 않아서 다행이라고 생각을 했다. 승합차를 빼자마자 파이프로 만든 하우스 차고는 폭삭 주저앉았다. 승합차에 얹혀 있었나 보다. 난감하지만 어쩔 수가 없다. 차고를 해체하고 다시 지어야 한다. 차고를 새로 지을 돈도 없다. 그때 생각이 났다. 상담을 함께 공부했던 김혜란 선생이 헌금을 20만 원 보내왔던 것을 그것을 보태서 차고를 지으면 되겠다고 생각했다.

월요일에 이 메일을 보니 김혜란 선생이 글을 보냈다.

"새해가 밝았는지 지난해의 연속인지 그날이 그날 같은 요즘입니다. 그래도 새곡교회 이야기는 무지 재밌네요. 이제야 집에 들어와서 밤참으로 여러 가지를 먹었습니다. 인절미, 절편, 파운드케이크, 귤 2개, 그리고 아이스크림까지요.

새곡 이야기 읽다가 갑자기 그 동리에 어려운 이웃이 있다면 따뜻한 내의라도 설날 선물로 드리면 어떨까 싶은 생각이 났어요. 하지만 이건 제 바람이니까 목사님 편하신 대로 하시기 바랍니다. (중략)"

글을 읽는 순간에 차고가 또 한 번 폭삭 무너져버렸다. 무너진 차고 수리는 다른 궁리를 해야겠다. 눈길이 녹으면 내의를 사러 가야겠다.

정신대 할머니와 강아지

2001년 1월 28일

겨울철이 되면 시골의 노인들이 이 땅의 생을 마감한다. 성탄절을 전후해서 노인들을 찾아가 안부 인사를 하는 것이 목회 행사가 되었다. 외롭게 사는 노인들이 농촌에 많아지고 있다.

오곡리에 혼자 사는 할머니가 계신다. 사람들은 그녀를 정신대 할머니라고 부른다. 3년 전에 성탄절을 맞이해서 어려운 분들에게 몇 만 원씩을 드린 적이 있다. 그때에 정신대 할머니는 받지 않겠다고 하는데 사정을 해서 드렸다. 자신은 교회에 다니지 않을 것이니 찾아오지 말라고 했다.

그 후에도 여러 번 만났지만 냉랭하게 사람을 대했다. 생활보호 대상자라서 생활하는 데 어려움은 없다고 한다. 몸이 아파서 자주 병원에 가신다. 영찬이 할아버지네 옆집으로 이사를 온 뒤 관절염 때문에 활동을 하지 못해서 뚱뚱해지셨다. 걱정을 했지만 자주 찾아가지 못했다. 성탄절에 새벽송을 돌 때에 방문을 했더니 아이들 과자 사주라고 만 원짜리 한 장을 쥐어주신다.

엊그제에 내복을 사가지고 가니 강아지들만이 짖어댄다. 영찬이 할아버지에게 물으니 병원에 입원했다고 한다. 이야기 끝에 그 할머니는 이해 못할 부분이 많다고 했다. 사람들 만나기를 꺼려한다고 했다.

자식도 없이 혼자 사는 그 할머니는 방앗간을 남편에게 물려받고는 팔아서 살아가고 있었다. 방앗간을 인수한 사람은 오곡리 사람들을 사기치고는 도망갔다. 방앗간 값도 제대로 받지 못한 것 같다고 했다.

방앗간에 오는 할아버지들과 하루 종일 화투를 치던 정신대 할머니는 집을 옮긴 후로는 두문불출을 하고 강아지들과 한 방에서 살고 있었다. 강아지들을 자식처럼 여기고 산다고 했다. 사람보다는 강아지를 더 신뢰하고 사랑하며 사시는 할머니는 아직 퇴원을 하지 못하고 있다.

빈 방에서 강아지들이 오줌과 똥을 싼 채로 짖어댄다. 나에게 할머니를 데리고 오라는 듯이 말이다.

성령의 바람과 오곡리

2001년 2월 4일

어떤 사람이 농협에서 여직원에게 오곡리 초상집 물건을 찾으러 왔다며 묻는다. 내가 모르는 사이에 초상이 났나 보다. 알고 보니 경로당 회장님인 한영석 씨가 돌아가셨단다.

몇 주 전에 방문했을 적에 감기로 꼼짝 못하고 집 안에만 있다고 했다. 암으로 2년 동안 투병 생활을 하셨다. 항암 치료를 받는 것이 너무나 힘이 든다고 하였지만 기력이 조금이라도 회복이 되면 밭에서 일을 했다. 참으로 부지런했다.

작년에는 많이 좋아졌다면서 일을 많이 하셨다. 암과의 싸움을 잘하셨다. 내가 인사를 하면 일을 하다 말고 길로 올라와서 악수를 했다. 손의 힘은 나보다도 열 배는 센 듯했다. 경로당 살림살이를 구두쇠처럼 해서 다른 회원들과 언쟁을 한 적도 있었다. 평생을 흐트러짐 없이 사신 분이다. 동리에 초상이 나면 명정에 붓글씨를 잘 쓰셨다. 그런데 자신의 명정에는 글을 쓰지 못하고 돌아가셨다.

서울 병원에서 맹인이 오기를 기다렸다. 동리 사람들이 장례식을 준비하느라 분주하다. 눈이 많이 온 데다가 길은 꽝꽝 얼어붙어서 걸어 다니기도 힘든 상황이었다. 집 뒷산에서는 포크레인이 묘지를 만드느라 언 땅을 파며 소리를 낸다. 한 회장님이 암과의 싸움을 하면서 신음 소리를 내던 것처럼.

인생은 언 땅을 파는 것처럼 힘든 것이다. 오곡리 땅이 꽝꽝 얼어붙은 것처럼 우리의 마음도 얼어붙은 것 같다. 얼어붙은 우리의 마음을 언제나 녹일 수가 있을까?

새곡교회 입구 길은 항상 얼어 있다. 차가 미끌미끌하면서 올라온다. 사람들의 발자국이 얼음을 녹였으면 좋겠다. 교회에 오는 사람들이 적어서 녹을 것 같지가 않다.

농촌의 얼어붙은 마음과 생각을 녹이는 뜨거운 성령의 바람이 불기를 기도하며 언덕길을 올라온다. 그러나 차가운 바람만이 소나무를 울린다.

교회를 만들어 가는 아이들

2001년 3월 4일

아동부 봄성경학교를 했다. 교회에서 특별한 프로그램을 하면 아이들이 학원도 빠지고 참여를 한다. 재미있는 프로그램이 있기 때문이다.

이번 주제는 "하나님과 맺은 약속"이다. 십계명을 공부하는 주제이다. 놀이 프로그램도 십계명을 암송해야 이길 수 있었다. 상품을 타기 위해서 그리고 자기 팀이 승리를 하기 위해서 십계명을 잘도 외운다.

계명을 지킨다는 것은 쉬운 일이 아니다. 적당하게 지키는 것이 아니라 진실하게 지키는 것은 더욱 어렵다. '약속' 이라는 말의 권위가 땅바닥에 떨어진 요즈음 세상에서 십계명을 가르치는 것이 쉽지가 않다. 그럼에도 하나님의 약속은 신실하다.

첫날에 달란트 잔치도 겸했다. 햄버거와 떡볶이가 최고로 인기다. 학용품은 사가지도 않는다. 어차피 부모님이 사주는 것이기에 달란트로 살 필요성을 느끼지 못한다. 이번에 교회 예산은 얼마 지출하지 않았다. 몇 명의 성도가 다 준비를 했다. 푸짐한 잔치가 되었다.

교회 마당과 앞 잔디밭에서 아이들이 뛰어노니까 금방 봄이 생겨난 것 같다. 아이들이 봄을 만들어냈다. 평일에 아이들이 교회에 나와서 노니 교회도 만들어진다. 공동체가 만들어지기 때문이다. 공동체를 상실한 교회는 죽은 교회일 수밖에 없다.

이번 봄성경학교를 통해 공동체를 만든 사람들은 중고등부 학생들이다. 작년 여름성경학교 때는 일일이 시켜도 잘 못했는데 이제는 스스로 프로그램을 만들어 갔다. 투정하는 아이들에게 선생님으로서 공감을 해주고 이해를 시켜 준다. 2년 전만 해도 나에게 투정 부리던 학생들이었다.

이제는 나의 마음속에 살아 있는 교회가 만들어졌다. 교회를 만들어 가는 아이들을 승합차에 싣고서 달리면 신명이 난다.

시골교회 놀이터의 부활절

2001년 4월 22일

아이들이 주일날 일찍 와서 논다. 그네를 타던 정욱이가 싱래에게 밀어 날라고 했는데 밀어 주지 않자, 정욱이가 투덜거린다. 그래서 내가 다치니까 위험하지 않도록 조금만 밀어 주라고 했다.

교회로 오는데 아이가 운다. 울음소리가 심상치 않아서 가보니 정욱이가 다리가 부러진 것 같다며 소리를 지른다. 안아서 차에 눕히고 병원에 가려는데 흔들거리면 아이가 더 아플 것 같아 김 전도사님께 119를 불러 달라고 했다.

정욱이는 아이들과 함께 그네를 밀다가 떨어졌다. 허벅지 윗부분이 금세 부어올랐다. 집에 가서 정욱이 엄마를 데리고 와서 구급차로 당진 푸른병원 응급실로 갔다. 부활절 날에 아침부터 난리가 났다. 분반 공부도 하지 못했다. 그래도 아이들은 놀이터에서 놀겠다고 한다.

놀이터는 4년 전에 만들었는데, 그네에서 두 번째 사고가 났다. 아이들이 험하게 타서 불안했는데 불안이 현실화되었다. 아픔이 있는 부활절을 지켰다. 4학년짜리 정욱이가 십자가의 아픔을 혼자서 겪는 것 같아 미안했다.

정황 없이 11시 예배를 시작하였다. 강대상 휘장에 달려 있는 "예수 부활 하셨네!"라는 글자가 왠지 초라해 보였다. 초라한 농촌 교회의 부활절이 되지 않도록 예배 인도를 열심히 했다.

설교를 마친 후에 세례식을 베풀었다. 올해 들어 처음으로 하는 세례식에 장년 두 명, 학생 두 명이 받았다. 서울에서 백 집사님이 전화를 해서 부활절을 어떻게 보냈느냐고 묻는다. 세례식과 성찬식으로 마쳤다고 하니 세례 줄 사람도 있느냐며 놀라는 목소리다.

자신은 부활절 행사를 하느라 바빴다고 한다. 세례식을 베푸는 일보다 더 중요한 일이 있겠느냐고 응수를 했다. 정욱이가 이번 일로 교회에 더 열심히 다녀서 세례를 받았으면 좋겠다. 병원에서 수술을 받고 누워서 고생을 한다. 게임기를 사주니 아주 좋아한다.

오곡리의 한 게으른 농부

2001년 5월 27일

닭장 위에는 앵두나무 가지가 늘어져 있다. 가지에는 빠알간 꽃망울처럼 앵두가 익고 있다. 벌써 까치들이 날아와서 익은 앵두를 따먹는다. 올해도 앵두는 많이 열렸다. 후박나무 옆에 있는 또 하나의 앵두나무는 큼직한 가지가 하나 부러졌다. 아까워서 덜 익은 앵두지만 따서 먹었다. 일을 하고는 닭장 위에 올라가서 앵두를 따먹는 재미는 글로 표현할 수가 없을 정도로 재미가 있다. 이번 주일에 아이들에게도 앵두를 따먹으라고 해야겠다. 자연의 생물들은 이처럼 사람에게 유익을 주는데 우리 사람들은 보답을 하지 않는다.

갑자기 새문안교회 상록 남선교회 회원들이 새곡교회를 방문하겠다고 연락이 왔다. 70세가 넘은 노인 분들이다. 이제는 은퇴를 하신 분들이다. 예배를 드리고 점심은 소나무 동산에서 사온 도시락으로 해결하셨다. 동산에서 도시락을 먹으니 소풍을 온 것 같다며 만족해 하신다.

인생은 소풍이라고 천상병 시인은 노래했다. 50명이 되는 회원들이 식사하는 모습을 보니 오병이어의 기적이 일어난 곳이 생각난다. 식사 후에 도시락 쓰레기를 처리하는 것이 문제다. 수레에 담아 놓고는 내가 치우겠다고 했다. 그런데 운전을 하는 집사 분이 개를 주라며 음식 찌꺼기를 봉지에 모았다. 함께 거들면서 쓰레기는 소각을 하면 된다고 하니 소각하면 환경오염이 되니까 자기가 서울에 가지고 가서 버리겠다고 한다. 환경운동을 한다는 내가 부끄러웠다.

뒷정리를 하고 나니 바람이 더욱 시원하다.

평안과 분노

2001년 6월 17일

3년 전에 새곡교회에 다녔던 송봉애 집사한테서 전화가 왔다. 밤 12시에 온 전화라 무슨 일인가 싶어 놀랐다. 내용인즉 윗집에 사는 엄지 아빠가 간암 말기로 서울에 있는 병원에 입원했는데 의사가 가망이 없으니 퇴원하라고 해서 내일 퇴원한다는 것이다.

10년 전부터 전도를 했는데 복음을 받아들이지 않았다며 이제 마지막 기회라는 것이다. 엄지 아빠에게 복음을 전할 사람이 마지막으로 김 목사님뿐이라는 생각이 들어서 전화를 했단다. 한 영혼을 전도하는 것만큼 급한 일이 어디 있을까 하고 생각했다. 푸른병원에 입원을 하면 다시 연락을 하라고 했다.

엄지 아빠는 5년 전에 새곡교회 수도 모터와 보일러 공사를 한 사람이다. 술을 좋아하던 엄지 아빠는 가정에 문제를 일으키곤 했다. 일은 열심히 하는데 세상에 불만이 많았다. 부인에게도 불만이 많아서 부부싸움을 자주 했다. 엄지 엄마에게 상담을 해준 적도 있다. 그러고 5년이 흘렀는데 죽음을 앞두고 있다니 안타깝다.

약속한 시간에 병원으로 갔다. 엄지 아빠를 몰라보겠다. 너무나 야위어서 다른 사람 같다. 얼굴은 황달로 누렇게 변했고 배는 임산부 같이 부풀었다. 새곡교회 김 목사라고 하니 웃으며 반긴다. 복음을 받아들이지 않는다는 사람이지만 기도를 해도 되냐고 하니 고개를 끄덕인다. 성경을 읽고 기도를 해주었다. 자주 와서 기도를 해주겠다고 하니 고개를 끄덕인다.

시댁이 불교라서 전도가 안 된다고 하던 엄지 엄마도 이상한가 보다. 우리가 나오려고 하는데 엄지 큰아버지가 왔다. 큰아버지는 엄지가 식사 기도를 하면 함께 밥도 먹지 않을 정도로 기독교를 싫어한다고 했다. 어쩌다가 기독교는 미움의 대상이 되었을까? 죽음의 그림자가 드리워진 엄지 아빠에게 세상을 향한 분노, 자신에 대한 분노를 주님에게 다 쏟아붓고 평안을 갖도록 하라고 권면했다.

그런데 세상은 분노하게 만든다.

청양고추

2001년 6월 20일

단비가 내렸다. 가뭄이 해갈이 되고 농작물과 산의 나무들이 생기를 얻었다. 온통 청록색의 옷을 입었다. 우리 집 화단도 청록색으로 변했다. 생명을 주는 물은 중요한 에너지이다.

가뭄이 지나니 장마가 시작되었다. 벌써 제주도에 장마가 시작되었다고 한다. 장마철이 되면 늘 교회 둑이 무너질까 봐 걱정이 된다. 올해는 어려움 없이 장마가 시나샀으면 좋겠다.

물이 없어도 걱정이고 물이 많아져도 걱정이다. 이스라엘 사람들 같으면 이런 문제를 해결할 것이다. 우리나라도 이제는 물이 부족한 나라로 분류가 된다고 하니 나 자신이 몇 백 년의 역사를 살아가는 것 같은 착각에 빠진다. 너무나 흔한 것이 물이었던 세상을 살았는데 물이 부족하단다.

청양 상담소에서 강의를 하고 난 후에 여성과 상담을 했다. 청양으로 이사 온 지 5년이 되었는데 이 지역에 적응을 하기 힘이 든다고 했다. 몸도 약해지고 특히 이명 증상으로 고생을 많이 한다고 했다. 병원에 가서 진단을 받고 MRI까지 찍었지만 이상이 없다고 한단다. 심리적인 원인인 것 같다면서 상담을 요청했다.

이야기를 하다 보니 청양에서 고추 농사를 특수 재배로 한다고 한다. 군 소개 팸플릿에도 농장이 나와 있다. 구경을 하고 싶어서 농장에 갔다. 남편이 명예퇴직을 하고 고향에 와서 고추 수막 재배를 개척했다고 한다. 이제는 본궤도에 진입을 해서 수익성도 좋다고 했다.

부부에게 개척 이야기를 들었다. 남편은 열정이 대단한 사람이다. 겨울에도 고추를 재배하는데 지하수를 이용해서 온도를 적당하게 유지한단다. 싱싱한 고추들이 열려 있다. 지금 연구과제는 물을 재활용하는 방법이란다.

청양에는 아직 물이 많지만 물을 재활용해야 된다고 한다. 미래를 준비하는 농민들이 우리 주변에는 있다. 생명을 사랑하는 사람은 미래를 준비하는 사람이다.

현장을 향해 가는 복음

2001년 7월 1일

이번 주간에 상담소에서 행한 미술 심리치료 강의를 마쳤다. 책거리를 하듯이 중국집에 가서 자장면 파티를 했다. 9월에 연속해서 미술 심리치료 강의를 하기로 했다.

당진에 이렇게 좋은 프로그램이 있어서 당진에서 살맛이 난다는 어머니도 있다. 나의 강의를 듣고서 아이들과 남편을 대하는 태도가 많이 바뀐다고 한다. 강의 중에 이루어지는 상담은 '엑기스'가 되어서 가정을 건강하게 하는 길이 보이게 된다.

개인의 전인적인 건강과 가정의 건강은 동전의 양면과도 같다. 이 같은 건강을 이루는 것이 목회의 중요한 부분이다. 목회의 영역은 교회 안에만 있는 것이 아니다. 복음은 현장을 향하여 나아가는 특성이 있다. 그래서 주님도 복음이 필요한 현장으로 찾아갔다.

새곡교회의 목회도 현장으로 찾아가는 목회다. 당진이라는 지역을 대상으로 나는 상담 목회를 하려고 했었다. 그런데 소문을 들은 상담소들이 나를 초청하여서 프로그램을 개설하였다. 2년 동안 충남의 다섯 군데 상담소에서 부모 교육 프로그램을 했다. 많은 어머니들과 상담을 했다. 어머니들은 나의 강의를 듣고 상담을 하게 된 것이 가정적으로 좋은 기회였다고 한다. 그만큼 우리의 가정들은 고통스러워하고 구원을 필요로 하고 있다. 이러한 현장을 향하여 가는 복음을 전하는 새곡교회이다. 오곡리에 교회를 개척한 것은 현명하지 못한 것이라고 말을 하는 사람들이 많지만 그런 것은 우리의 우려에 불과하다.

대전에 사는 세 가정에서 택배로 그림을 보내왔다. 그림 분석을 통한 상담을 부탁한다는 것이다. 그림을 보면서 전화로 상담을 했다. 나의 서재 벽에 그림을 병풍처럼 걸어 놓고 상담을 해보기는 처음이다.

대전을 향하여 가는 복음이 전화선을 타고 어머니 마음속으로 들어갔다.

생육하고 번성하라

2001년 7월 22일

생육하고 번성하는 것이 모든 생물의 원칙이다. 그 가운데서 가장 번성하고 가장 진화한 것이 개미라고 한다. 개미는 끈질기다. 개밥그릇에도 개미가 침략한다. 퇴치할 방도가 없다.

요즈음 순둥이가 밥을 잘 먹지 않아서 애를 먹는다. 위세를 떠는 것이다. 며칠 전에 구씨네에 가서 접을 붙였다. 곰돌이 새끼인 순둥이 형제는 벌써 새끼를 낳았다고 전화가 온다. 어미 개를 닮았는지 새끼도 여러 마리 낳았다고 한다. 그런데 순둥이는 이제서 접을 붙였으니 한참을 기다려야 한다. 곰돌이 종족이 널리 퍼지고 있다.

자연의 생물들은 이처럼 생육하고 번성을 한다. 이는 본능이다. 이 본능을 거부하는 생물은 인간뿐이다. 후세보다는 현세를 더 중시한다. 지금만을 생각하고 다음을 준비하려고 하지 않는다. 재림하는 예수님은 기독교의 현재의 지평을 미래로 열어 놓았다. 우리에게 오시는 주님은 미래에서 현재로 오신다. 그래서 그리스도인은 희망을 갖고 있다.

이웃집 송 선생님이 요즈음 소나무 전지를 한다. 하늘을 가린 장송이다. 하나는 흑송이고 하나는 적송이다. 올 겨울에 눈이 많이 와서 가지가 부러지기도 했다. 가지를 너무나 많이 자른 것이 아니냐고 걱정을 했다. 10년을 내다보고 가지를 잘랐다고 한다. 소나무가 더욱 우람하게 될 것이란다.

하늘이 뻥 뚫렸다. 소나무 가지 사이로 보이는 하늘이 아름답다. 나무를 키우는 것은 미래를 키우는 것과도 같다. 미래를 중시하지 않으면 나무를 심기가 어렵다.

새곡교회가 있던 자리는 야산에 있는 쓰레기장과도 같았다. 농부들이 버린 폐품들이 사방에 흩어져 있었다. 6년이 되어 가는 지금은 내가 심은 나무들로 둘러싸였다. 수련회 답사를 온 청년들이 너무나 아름답다고 한다. 주변에 꽃과 나무들이 진을 치고 흔들어대며 춤을 추기 때문이다.

고향땅에 요단강이 흐르게 하자

2001년 9월 30일

아이들은 커다란 비닐봉지를 가지고 상기된 채로 교회에 왔다. 오늘 오후에 김 전도사님네로 가서 밤 줍기 대회를 하기로 했다. 창희와 준태는 엄마가 많이 주워오라고 했단다. 이번 추석에 제사 지낼 거라고 했다. 준태는 늦게 와서 밤을 조금밖에 줍지 못했다며 불만이다.

아이들과 함께 석포리 밤나무 산에 올라갔다. 나무 밑에 잡풀을 깎지 않은 곳이 많아서 입구 쪽에서만 주웠다. 작년에는 많이 주웠는데 올해는 적게 주웠다며 다음에 다시 오자고 한다.

아이들도 명절에 마음이 들떠 있다. 마을 입구 거리마다 현수막이 걸려 있다. "고향에 오신 것을 환영합니다." 그런데 오곡리에만 현수막이 걸려 있지 않았다. 새곡교회 이름으로 하나 걸어 놓을걸 그랬나 싶다.

그러고 보니 오곡리에는 마을 이름 이정표도 없다. 올해 들어서 마을마다 입구에 '○○○리' 라는 글자를 큼직한 돌에 새겨 놓아서 어느 마을인지를 쉽게 알게 되었다. 오곡리 사람들은 마을 돈을 그런 일에 쓰는 것을 좋아하지 않나 보다. 교회 재정이 있으면 교회 이름으로 예쁜 마을 이정표를 만들고 싶기도 하다. 하고 싶은 것은 많지만 구실을 제대로 하지 못해서 빚진 자의 심정을 갖고 살게 된다.

고향을 찾아오는 사람들이 많다. 고향이 있다는 것이 얼마나 행복한 것인가를 한국인은 잘 안다. 우리의 마음을 포근하게 감싸 줌으로써 도시에서 오염된 정서를 말끔하게 씻어 주는 정화 의식을 치르는 것이 명절이다. 세례 요한은 요단강에서 정화 의식으로 세례를 베풀었다. 그 시대의 정신적인 오염인 죄를 씻는 행위이다. 고향에서도 그러한 세례식이 이루어졌으면 한다. 고향땅 당진이 요단강이 되었으면 한다.

〈당진시대〉신문기자가 왔다. 당진군에서 올해 34건의 자살이 발생했다는 통계표를 내밀면서 원인을 통합적으로 분석해 달라고 한다. 당진 땅에도 요단강이 흐르게 해야 한다.

병원에 입원하다

2001년 10월 21일

당진내과의 빅 원장님은 무조선 입원하란다. 나의 눈과 얼굴을 보고 황달이 있다고 했다. 추석 때부터 소화가 되지 않아서 소화제를 계속 먹었지만 소용이 없었다. 복부의 윗부분이 나오고 아프다. 아무래도 이상이 생긴 것 같다.

나는 원래 위와 내장, 그리고 간이 나쁘다. B형 간염 보균자로 만성 간염이 있다. 늘 몸의 건강에 신경이 쓰인다. 피검사 결과가 나왔다. 정상인보다 6배로 수치가 나쁘게 나왔단다. 간경화증일 가능성도 있기 때문에 당장 입원을 하라는 것이다. 당장 입원은 힘들고 며칠 후에 하겠다고 했다. 치료를 받고 가라고 해서 주사를 맞고 누워 있었다. 내가 병실에 누워 있기는 20년 전에 맹장수술을 할 때뿐이었다.

이번 주간과 다음 주간에는 할 일이 너무나 많다. 교회 주변 일도 해야된다. 옮겨 놓은 개장을 마무리해야 한다. 매주 수요일에 하는 미술치료 강의도 해야 하고, 목요일에는 안양교도소 정신교육, 금요일에는 메가택 회사 기공예배 설교를 해야 하고, 토요일에는 학생회 집회를 해야 하고, 주일에는 아침부터 차량 운행을 해야 한다. 그 다음 주 월, 화는 충남노회가 부여에서 있고, 청양 한 선생 댁에도 가야 한다. 목요일에는 서해 정의 인권위원회 모임에도 가야 한다.

그런데도 무조건 입원을 하란다. 수요일 미술치료 강의만 하고는 모든 계획을 취소하고 병원에 입원을 했다. 당진 읍내가 이처럼 자동차 소리로 시끄러운 줄 몰랐다. 조용한 곳에서 살다가 병원에 오니 번잡스럽다.

문병 온 이 집사는 교인들이 회개하라고 하나님이 역사하시는 것이라한다. 신앙의 소리를 교우에게 들으니 내가 은혜를 받는다.

농촌에서 무슨 선한 것이 나겠는가?

2001년 12월 16일

드디어 눈과의 씨름이 시작되었다. 어제 눈이 많이 왔다. 교회 입구인 산언덕길을 한차례 쓸었지만 소용이 없었다. 아침에 가보니 길이 얼었다. 소나무 그늘이 있어서 잘 녹지도 않는다. 삽으로 언 곳을 깨어냈다. 땀이 난다. 다른 한쪽은 흙을 파서 길에 뿌렸다. 차를 운행하기에 어려움이 없게 되었다.

어제 저녁 기도회를 위해서 차량을 운행하는데 조심스러웠다. 눈이 오면 차량 운행 때문에 걱정이 된다. 눈이 오는 날이지만 저녁에 모여서 기도회를 열었다. 이번에는 복음성가를 많이 불렀다. 마태복음을 돌아가며 읽고는 제목별 기도를 했다. 나라와 한국 교회, 그리고 새곡교회를 위하여 기도를 했다.

새곡교회는 6년 동안 농촌 선교를 위해 영적으로 척박한 곳에서 야곱처럼 씨름을 하였다. 아직은 그 씨름이 끝나지 않았다. 그런데 새문안교회 선교부에서는 가능성이 없으니 포기하라고 한다. 세상의 경영 논리로 교회 사업을 하는 사람들의 결론이다. 한국의 농촌 교회 중에 자립의 가능성이 없어서 포기해야 한다면 절반 이상은 십자가를 내려야 한다.

나사렛에서 무슨 선한 것이 나겠느냐며 예수님을 비웃던 비웃음이 지금도 우리 주변에서 흘러나온다. 농촌은 선한 것이 나오지 않는다는 논리이다. 선한 것의 개념을 현대인들은 물질적인 수량으로 생각을 한다. 도시 문명이 필요한 존재이듯이 농촌도 도시 사회와 공존해야 하는 필요 존재이다. 농촌을 피폐화시키면 도시도 피폐화된다. 농촌은 생명이 건강하게 살아가는 현장이고 병든 생명들을 치유하는 병원이기에 농촌 선교는 도시를 건강하게 하고 한국 교회를 건강하게 하는 복음의 길이다.

이제 주5일 근무제가 정착이 되면 고향을 찾는 사람들에게 신령한 복을 나눌 수 있는 농촌 교회가 될 수 있도록 새곡교회 성도들은 눈물로 기도를 한다.

성탄절 축하 발표회

2001년 12월 23일

아이들이 방학을 했다. 성탄절을 맞이하여 축하 발표회를 하기로 했다. 연극을 두 팀으로 나누어서 하기로 하고 연습을 한다. 대본을 잃어버리고 가지고 오지 않았다며 복사를 해달라고 한다. 대본을 외우게 시키는 것이 일차적인 목표다. 이 목표를 이루기 위해서 며칠 동안 김 전도사께서 고생을 했다.

그런데 날짜가 임박해서 몇 명의 아이들이 친척네를 가야 한다며 연극을 할 수가 없다고 한다. 할 수 없이 두 팀을 한 팀으로 만들어 다시 연습을 시작하였다.

눈이 오는데도 아이들을 데려왔건만 차질이 생긴다. 유치부 아이들은 찬양과 율동을 하기로 했다. 시킬 사람이 없어서 내가 시켰다. 몸동작이 맞지 않아서 어설프지만 열심히 따라서 하는 것이 귀엽다. 고등부 학생들이 아동부를 도와주었으면 좋겠는데 자기들 율동 찬양을 연습하기도 힘들다고 한다. 손 선생님이 몸이 아파 힘들어하면서도 학생들을 지도하기 위해서 나온다.

해마다 성탄절이 되면 발표회 때문에 고생들을 한다. 그래도 농촌 교회의 아이들은 제일로 기억에 남는 것이 성탄절 발표회가 될 것이다. 아이들에게 아름다운 추억을 갖게 하는 일은 아이의 평생 동안 좋은 삶의 에너지가 될 것이고 신앙을 갖게 하는 계기가 될 것이다.

새곡교회가 감당해야 할 사명을 아이들에게 실천하는 성탄절이다. 유림이가 옆집 동생들을 데리고 왔다. 이 아이들도 노래를 하게 해달라고 한다. 아이들이 좋아하는 성탄절이 되게 하고 아이들이 좋아하는 교회가 되어야 한다고 생각하면서 성탄절 발표회를 6회째 하게 된다. 우리 가족도 성탄 축하 특송을 불렀지만, 올해가 가장 초라한 성탄절이 되는 것 같아서 아이들에게도 미안하고 아기 예수님에게도 미안하다.

오곡리 이정표

2001년 12월 30일

점심시간에 맞추어 동우네에 갔다. 오늘 바름이 1반 반장조가 있는 날이다. 반세와 이세를 거두면서 반장네서 점심을 준비한다. 바름이 아저씨들

과 아주머니들이 모였다. 동리 분들과 마주 앉아서 이야기를 하기는 오랜
만이다. 모두들 자기 일에 바쁘기 때문이다.

이곳 농부들은 농사일에 틈만 나면 바다에 가서 맨손 어업을 하기도 한
다. 동우네는 바다 수입이 더 좋을 정도이다. 하지만 이삼 년 안에 바다 수
입도 그치게 될 것이다. 바지락도 점점 사라져 가고 있단다. 굴 채취도 적
어 한진포구 아주머니들은 태안에서 굴을 사다가 판매를 한다. 쌀농사도
시원치 않으니 봄이 오는 것이 두렵기까지 할 것이다.

눈이 아직도 녹지 않은 논들이 더욱 황량하게 느껴진다. 교회 입구의 논
은 공장을 짓느라 메우는 작업을 한다. 공장이라도 잘 돌아갔으면 좋겠다.
오곡리도 점차로 공장들이 들어설 전망이다. 그러면 논과 밭들은 점점 사
라지고 시장 경제의 삭막함이 분위기를 압도할 것이다.

오곡리 입구에 흉물스럽게 버팅기고 있는 중단된 아파트 건물이 다시
공사를 시작한다고 하니 다행이다. 내년에는 그쪽에 교회 이정표를 하나
만들어 놓아야겠다.

오곡리 입구에는 '오곡리' 라고 글이 새겨진 큼직한 돌이 이정표로 세워
졌다. 그런데 눈에 잘 뜨이지 않는 곳에 세워서 아쉽다. 이 동리가 새곡교
회로 인해서 하나님의 신령한 복을 받는 곳이 되었으면 좋겠다. 내가 처음
왔을 때에는 동리 사람들이 보상 문제와 길포장 문제 때문에 싸움을 하여
서 분위기가 좋지 않았는데 이제는 많이 좋아졌다.

동우네서 점심을 먹으면서 오곡리의 과거와 현재를 소재로 이야기를 한
다. 역대 이장들을 평가하는 발언들이 계속 쏟아진다. 나보고도 이제는 동
리 일을 하여야 한다고 했다. 나를 반장으로 선출하려고 했는데 오지 않아
서 서 씨를 선출했다고 한다.

행사장으로 가는 오곡리 아주머니들

2002년 2월 3일

소나무 밑에서 상호 할머니를 만났다. 양손에는 두루마리 휴지를 한 세트 씩 가지고 계신다. 중흥리 행사장에 다녀오는 길이라고 한다. 작년 가을에 는 밤에만 하더니 올 겨울부터는 낮에도 하고 밤에도 한다고 한다. 건강식 품과 생활용품에서 건강 전기제품까지 판매를 하는 행사장이다. 두루마리 휴지와 설탕을 공짜로 얻는 재미로 오곡리 할머니와 아주머니들은 행사장 으로 출근을 한다.

바닷가에 가서 바지락을 잡아 번 돈으로 행사장에 가서 이것저것을 사 나 보다. 결국에는 바가지를 쓰게 되는데도 열심히 가는 것을 보면 알다가 도 모르겠다. 오늘도 추운 날씨인데 15분 동안 걸어서 중흥리에 간다.

왜 그곳에 가는지를 곰곰이 생각해 본다. 첫째는 할 일이 없기 때문이다. 노인들이 이제는 농토를 대여해 주고 농사를 짓지 않기 때문이다. 농촌에 살면서 농사를 짓지 않는 가구가 점점 늘어나고 있다는 것이다.

둘째는 몸이 아픈 탓이리라. 평생 동안 농사를 지었기 때문에 여기저기 가 다 아프다. 여름에는 농사일 하느라 병원에 가지 못하고 겨울에는 병원 에 다니는 일로 소일을 한다. 건강보조식품을 만병통치약으로 둔갑을 시 켜서 판매를 한다. 자식들이 보내준 용돈을 빼앗아 가는 꼴이다.

셋째는 자신의 인생에 관하여 철학도 없고 소망도 없기 때문이다. 하루 하루를 그냥 살아간다. 한글을 가르쳐 준다고 해도 거절을 한다. 그냥 이렇 게 살다가 죽으면 그만이라고 한다.

이러한 세 가지 이유를 교회가 해결할 수 있으면 얼마나 좋을까? 노인들

에게 일거리를 주고, 건강하게 해주고, 인생의 철학과 삶의 소망을 주는
것, 이것이 바로 복음이다. 영생과 하나님의 나라를 발견하고 수용하게 하
는 일이 교회가 해야 할 일인데 교회가 감당하지 못하여서 오늘도 오곡리
노인들과 아주머니들은 찬바람을 쐬며 행사장으로 간다.

오만의 곰팡이

2002년 3월 17일

새곡교회는 행정적으로 교회가 되기 위해 이번 봄 노회에 교회 설립 청원
서를 내었다. 세례 교인이 30명이 넘기 때문이다.

새곡교회를 개척한 새문안교회 담임목사님에게 교회 부지를 충남노회
유지재단에 이관해 줄 것을 요청하는 청원서를 제출했다. 총회 법에는 교
회 재산을 노회 유지재단에 이관을 하여야 한다. 이러한 행정적인 절차는
당연한 것임에도 불구하고 이를 받아 주지 않는다. 그 이유는 단 한 가지이
다. 땅에 욕심을 부리기 때문이다.

인간들의 역사는 땅을 소유하기 위한 싸움의 연속이었다. 땅은 하나님
의 창조물이면서 하나님의 것이다. 인간들이 관리를 할 뿐이다. 그럼에도
땅을 소유해 자기 마음대로 하기 때문에 이 땅은 황폐화되고 있다.

생명을 창조하고 양육하는 땅을 자신의 몸처럼 사랑하고 아끼는 농부들
의 수고가 시작이 되었다. 오곡리 사람들이 논과 밭에서 일을 하고 있다.
땅을 갈아엎어서 부드럽게 만든다. 곡식이 잘 자랄 수 있도록 하는 것이다.

땅을 자기 몸처럼 여기지 않으면 땅은 인간들에게 독을 뿜게 된다. 그렇

게 하는 것이 땅으로서 존재할 수 있음이다. 땅은 내 것이라는 오만함이 교회 안에서 힘을 발휘한다. 그럼에도 땅은 새로운 생명을 탄생시킨다.

청원서를 새문안교회에 보내자 거기에 관한 답변은 없고 국내 선교부에서 사택을 비우라고 한다. 교회 건물과 사택은 새곡교회의 건물이다. 그런데 등기권이 있다는 이유로 교인들의 의사를 무시하고 사택을 비우라고 한다. 교회를 폐쇄하겠다는 오만이 교회 안에서 힘을 발휘하고 있다.

사택을 3월 말까지 비우라는 공문을 받고 사택의 화장실을 청소했다. 주님께서 예루살렘 성전을 청결케 하는 그 행위를 가슴으로 느끼면서 곰팡이를 문질러 깨끗하게 했다. 교회 안의 오만의 곰팡이를 믿음의 성도들이 깨끗하게 할 것이다.

농민들 가슴 속의 황사 바람

2002년 3월 24일

오곡리 마을회관에서의 안내 방송이 이른 아침부터 나온다. 전에는 트로트를 빙송 진에 몇 곡 틀었는네 이제는 수준 있는 가곡을 튼다.

이번 방송의 내용은 오곡리 경로잔치를 오늘 한다는 것이다. 일주일 전에 마을 회의가 있으니 오라고 했는데 수요 예배와 시간이 겹쳐서 참석을 못했다. 경로잔치를 한다면 새곡교회가 한 가지라도 도움을 주어야 한다. 그런데 모르고 있었으니 동리 어른들에게 미안했다. 몇 해 전까지는 새곡교회가 자체적으로 경로잔치를 벌였는데 재정이 부족해서 못하고 있었다.

오늘은 당진 상담소에 가는 날이라 아침 일찍 서둘렀다. 마을회관에 가니 몇 분의 할아버지는 벌써 나와 계시고 한복을 입고 예쁘게 화장을 한 오곡리 아주머니들은 잔치 준비를 하느라 바쁘다. 오곡리 젊은 남자들은 상 준비를 한다. 빈 창고를 청소하며 잔치 준비를 한다.

이장님을 만나서 인사를 했다. 미리 협조하지 못해 죄송하다고 하며 찬조금 봉투를 내밀었다. 이장님은 받지 않겠다고 한다. 마을회의에서 찬조금은 일체 받지 않기로 결정을 보았다고 한다. 부담 없이 하루를 놀기로 했다며 사양을 한다. 볼일을 보고 와서 함께 놀자고 하기에 오후에 다시 오기로 하고 당진 상담소에 교육을 하러 갔다. 하지만 막상 오후에는 피곤해서 마을회관에 가지 못했다. 저녁 무렵이 되니 장구 소리도 나고 트로트 소리도 들린다. 이제 농사일을 시작해야 하는데 신명나게 대동놀이를 하며 풍년을 기원하려는 것이다.

농협 빚을 갚기 위해서라도 풍년이 들어야 한다. 봄 가뭄으로 농토가 팍팍해졌듯이 농부들의 마음도 팍팍해졌다. 팍팍한 마음에 황사 바람이 일어나서 그 마음은 더욱더 혼란스러워졌다. 중국의 황사 바람도 막아야 하지만 농민들의 가슴에 이는 황사 바람도 막아 주어야 한다.

들로 전도를 가다

2002년 4월 28일

교회 환경미화로 학생회에서 작은 화분에 꽃씨를 심었다. 학생들이 교회를 사랑하는 마음이 많이 생기었다. 매주 토요일마다 청소를 한다. 집에서는 청소를 잘 하지 않지만 교회 청소는 자진해서 한다.

교회를 사랑하면 교회에 자꾸 오고 싶고 교회에 와서 무엇인가 손길을 가게 된다. 자신의 흔적을 교회에 남기게 된다. 학생들이 작은 정성과 믿음을 화분에 심듯이 교회에 심게 된다. 이처럼 심은 것이 싹이 나고 자라서 의젓해지면 보기가 좋다.

요즈음 교회 주변의 나무들을 보면 절로 기분이 좋아진다. 동리 쓰레기장이 되어버린 작은 동산에 교회를 세우는 노력을 해왔다. 이제는 쓰레기는 하나도 없고 나무와 꽃이 활짝 핀 동산이 되었다.

사택 지붕과 추녀에는 그늘을 만들기 위해서 심어 놓았던 등나무가 사택 전면을 에워쌌다. 등나무 꽃이 만발하여 향기가 나니 벌들이 달려들어서 현관에 가기가 겁이 나기도 한다. 벌들은 꿀을 빠느라 정신이 없다.

그런데 교회 앞밭은 풀이 무성하다. 풀을 뽑고 땅을 갈아엎을 힘이 없다. 농촌에 빈집이 늘어난다고 한다. 곡식 심기를 포기한 밭도 늘어난다. 하지만 오곡리 사람들이 포기한 밭은 하나도 없다. 요즈음 밭을 일구느라 경운기 소리, 트랙터 소리가 요란하다. 낮에는 집에 사람이 없다.

이번 주일에는 오후 예배 후에 축호 전도를 하기로 했다. 집보다는 논과 밭으로 가야 사람들을 만날 수가 있을 것이다. 일하는데 전도한다고 다니기도 미안하다. 그렇지만 만나서 인사를 하면 기뻐한다.

기쁨을 주러 다니는 발은 복된 발이다.

교회 설립이 좌절되다

2002년 5월 5일

충남노회에 참석하기 위해 대천 신흥교회로 갔다. 농사철에 귀한 단비가 내린다. 서해안 고속도로가 시원하게 뚫려서 1시간만에 대천에 닿았다. 시간이 남아서 대천 바닷가를 거닐었다. 머릿속이 다 시원해진다. 비가 많이 와 차 안에서 바다를 바라보았다. 바다는 바라보기 위해서 존재하는 듯하다.

노회 장소에 갔다. 예배가 이미 시작되었다. 노회 총대님들이 100% 출석했는지 자리가 없다. 앞자리에 가서 앉았다. 성찬 예식을 집례하는 목사는 긴장을 했는지 성찬 순서를 바꾸어서 했다. 나중에 알고는 사과를 했다. 마른 목을 축이기 위해 포도주 잔을 먼저 드는 것도 나쁠 것은 없다. 빵과 포도주를 뒤바꾸어 먹어도 몸속에 들어가면 다 섞이게 된다. 순서가 중요한 것이 아니라 주님과 하나가 되는 성찬이 중요한 것이다.

경건회가 끝나고 각부 보고와 안건 토의가 이루어지자 모두들 긴장을 한다. 자신들과 관계되는 안건에는 목소리가 커진다. 나도 긴장을 했다. 새곡교회 교회 설립 허락이 어떻게 되는지가 중요하다. 정치부 보고에서 교회 설립이 허락되지 않았다.

새문안교회가 교회 부지를 노회 유지재단에 기부하지 않았기 때문이다. 그러나 임대계약서가 있기 때문에 허락을 해도 교회 법적으로 아무런 하자가 없다. 그럼에도 노회 정치부에서는 새문안교회의 눈치를 보는 것이다. 대형 교회의 횡포에 노회가 벌벌 떠는 꼴이다. 자존심의 문제이기도 하다.

점심을 먹고는 유지재단 보고회 때에 새곡교회 교회 설립 안건을 다시 내기로 하고는 시찰장 목사님에게 부탁을 했다. 북부 시찰회 목회자들에게 부탁한 전략을 실행하였다. 나는 몇 번이나 마이크를 붙잡고서 현황 설명과 호소를 하여 분위기를 휘어잡았다. 몇몇 장로들이 반대를 했지만 사회자의 가부를 묻는 물음에 가하다는 대답이 울려 퍼졌다.

자연 냄새가 물씬 나는 교회

2002년 5월 26일

십자매 새장을 거실 밖에 두고 보았다. 새들은 잠시도 가만히 있지 않는다. 두 마리가 항상 새 장 안에서 바쁘다.

그런데 어저께 아침에 보니 새장이 넘어져 있다. 새장을 보니 새가 없다. 무엇인가가 좁은 새장 틈바구니로 억지로 새를 빼낸 것이다. 새장에는 빠진 깃털만 있다.

들고양이나 청설모 등이 노리고 있다가 밤에 물어간 것 같다. 나의 부주의로 생명체 두 마리가 졸지에 죽음을 맞이했다. 물고 간 놈들은 포식을 하며 나에게 고마움을 느꼈을지도 모른다. 약육강식의 생태순환의 한 모습이기도 하다.

새장 속에 갇혀 있는 새를 보기보다는 마음대로 날아다니는 새를 보는 것도 재미가 있다. 아침부터 새들이 앵두나무로 몰려와 쩍쩍거리며 야단이다. 앵두가 빨갛게 익었다. 새들이 신나게 쪼아 먹는다. 내가 새를 쫓으니까 아내는 내버려두라고 한다.

새들의 종류가 한두 가지가 아니다. 이름도 모르는 새도 있다. 수요 예배 후에 송 집사님에게 물으니 그 새는 앵두만 따먹는 앵두새라고 한다. 송 집사님 집에서 구역예배를 드리고는 교회 식구들과 함께 교회에 와서 앵두를 땄다. 아란이가 제일로 좋아한다. 자기가 딴 것은 집에 가지고 가겠다며 앵두 바구니를 챙긴다. 아빠에게도 드리라고 내가 더 따서 주었다.

새곡교회에 처음 와보는 사람들은 참으로 좋다고 한다. 6년 전에 처음으로 개척하러 올 때는 언덕바지에 온통 쓰레기가 널려 있었다. 주변에 조경 만들기를 해마다 조금씩 했더니 이제는 그런 대로 보기에 괜찮게 되었다. 내버려둔 들풀들도 꽃을 피우니 그것도 보기에 좋다. 공중에 날아다니며 앵두를 쪼아 먹는 새들도 보기에 좋고 아무렇게나 삐죽삐죽 자라난 채 피어 있는 들꽃도 보기에 좋다. 거실 밖에 도도하게 피어 있는 한 송이의 장미꽃도 보기에 좋다.

이 글을 쓰는 지금도 산비둘기가 앞에 와 있다.

평화의 전사

2002년 6월 2일

토요일에 학생회 집회를 마치고는 삽교천에 있는 함상박물관에 갔다. 사람들이 생각보다는 적었다. 커다란 군함 두 척이 있는데 함상 체험을 하도록 하였다.

이 무거운 고철 덩어리가 바다에 떠서 속력을 내며 다닌다는 것이 믿어지지 않는다. 아르키메데스의 부력의 원리를 응용한 것이다. 자연의 원리를 응용해서 전쟁의 무기로 사용한다는 것이 안타깝지만…….

배 안에는 사람들이 살기에 필요한 모든 것이 준비되어 있다. 물 위에 떠 있는 또 하나의 세상이다. 파도에 흔들거리며 이 좁은 공간에서 생활하던 병사들이 밀랍 인형으로 재현되어 있다. 이 배를 거쳐 간 병사들의 고통의 흔적들이 쇠붙이에 묻어 있다. 앞으로 군대에 가야 할 성래도 함상 체험을 하면서 느낌이 있었을 것이다.

양심의 자유와 종교의 자유를 내세워 군 입대를 거부하는 젊은이들이 있다. 지금까지는 여호와의 증인들이었지만 이제는 종교와 상관없는 평화주의자인 젊은이들도 한두 명씩 생겨나서 사회적인 토론의 주제가 되기도 한다.

80년대에 학생운동을 하던 한 대학생이 여호와의 증인이 되겠다고 해서 내가 깜짝 놀란 적이 있다. 이유를 물으니 그 종교 집단은 기독교보다 평화를 더 추구하는 것 같다고 했다. 그래서 내가 그 종교 집단의 반사회성에 대하여 설명을 해주었다.

전쟁의 무기를 농기구로 만드는 세상을 노래한 이사야 선지자를 생각하게 하는 6월이다. 6일은 현충일이고 25일은 민족 간에 전쟁을 한 날이다. 전쟁의 무기를 사기 위해 어린아이들이 굶어 죽어 가는 세상이다.

교회는 젊은이들을 전쟁의 전사가 아닌 평화의 전사로 교육시켜야 한다.

다니고 싶은 교회로

2002년 7월 21일

이번 주간부터 다른 교회들이 새곡교회에서 수련회를 하게 된다. 수련회를 받으려면 준비할 것이 많다. 이영재 집사와 명기 씨가 와서 도와주었다. 해마다 내가 했는데 이제는 혼자 하기에는 힘이 부친다. 특히 주변에 풀을 깎는 것은 힘든 일이다.

지난번에 교회 주변 풀을 예초기로 깎고는 어깨 근육통이 생겨서 고생을 많이 했다. 이 집사님이 이틀 동안 예초기로 풀을 깎았다. 그래도 다 깎지 못했다. 주변이 머리를 깎은 것처럼 깔끔해졌다. 내가 깎으면 다칠까 봐 바짝 깎지 못하는데 이 집사님은 기술자라서 깔끔하게 깎는다. 소나무 동산도 깎았다. 산책로가 시원해졌고 소나무 밑에서 자리를 펴고 이야기를 할 수 있도록 넓은 장소도 생겼다.

나도 낫을 들고 거들었다. 학생들에게 쉼을 준다는 것은 즐거운 일이다. 쉼을 누리도록 해주는 일은 복음이다. 예수님도 수고하고 무거운 짐을 진 자들에게 내게 와서 쉬라고 했다. 쉬는 자도 행복하지만 쉴 수 있도록 해주는 자는 더 행복하다. 영혼과 육신의 쉼을 주는 교회가 좋은 교회이다. 주5일 근무제가 우리나라에 점점 더 확산될 것이다. 그러면 농촌 교회들은 쉼을 제공해 주는 교회의 역할을 잘 해야 한다.

요즈음에 교회에 관하여 많은 생각을 하게 된다. 현대인들이, 청소년들이 교회에 대한 부정적인 생각을 많이 한다. 예수님이 싫어서 교회에 다니지 않는 것이 아니라 교회가 싫어서 교회에 다니지 않는다. 다니고 싶은 교회를 이루어 가는 일이 나에게 중요한 목회 과업이다.

새곡교회에 오는 사람들에게 좋은 교회의 이미지를 주고 싶다. 다시 오고 싶은 새곡교회로 청소년들 마음속에 남아 있으면 좋겠다. 농촌 교회는 비전이 없는 곳이 아니라 비전을 보여주는 곳이 되어야 한다.

소나무 동산에 앉아서 비전을 볼 수 있기를 빌어 본다.

비 오는 날의 전도

2002년 8월 11일

비가 계속 온다. 장마가 끝났다고 하더니 다시 시작하나 보다. 남부지방과 청평 쪽은 홍수가 났다. 낙동강은 제방 둑이 무너져서 마을 하나가 물에 잠겼다. 올해는 조용히 여름을 나나 보다 했더니 큰 재난이다.

교회 밑에 아름이네 논도 둑이 무너져서 흙탕물이 논에 쏟아져 내린다. 논이 물에 잠겼으니 야단이다. 다행히 오후에 비가 그치니 물이 잘 빠졌다. 아마도 농약을 많이 쳐야 할 것이다. 무너진 둑을 쌓으려면 아름이 아빠가 고생을 하겠다. 당진 쪽은 수해가 나지 않아서 다행이다.

가나안교회 고등부 학생들이 오곡리로 전도 훈련을 하러 왔다. 교회에서 안내와 기도를 하고 조를 나누어 전도를 하러 나갔다. 비가 제법 많이 왔지만 비를 두려워할 수 없다. 학생들은 전도를 처음으로 한다고 했다. 두 가지 전도 인사말을 가르쳐 주었다.

"안녕하세요! 예수님 믿고 구원받아 행복하세요!"

"안녕하세요! 예수님 믿고 천국 가세요!"

구호를 여러 번 외치며 자신감을 갖게 했다. 1반은 장로님이 이끄는 조가 전도를 했다. 모두 열여덟 집이다. 학생들이 좋은 세수 비누 세 개를 예쁘게 포장하여 가지고 왔다. 박 전도사와 나는 2반과 3반, 그리고 4반을 다녔다.

학생들을 앞세우고 방문을 하게 했다. 미안해서 선물을 받지 않는다고 한다. 안 받으면 서울로 도로 가지고 가야 하니까 받으시라고 했다. 5반은 우리가 전에 했고, 시간이 부족해서 하지 못했다.

한 조가 기다려도 오지 않는다. 현구 씨가 학생들을 붙잡고는 새곡교회 지을 때에 자기가 십자가 탑을 세웠다며 자랑을 하여 시간이 늦었다고 한다. 장가를 보내주지 않아서 교회를 그만 다니겠다고 했었다. 이렇게 찾아가니 기분이 좋았나 보다.

학생들은 비를 맞으면서도 전도하는 것이 보람이 있다고 한다.

"내일도 전도하러 다녀요!"

한 여학생이 말했다.

추석을 보내며

2002년 9월 29일

추석 명절 주일에는 오곡리가 고향인 집사님들이 오셔서 예배를 드렸다. 오곡리 사람들은 교회에 나오지 않는다. 오히려 외지로 나간 자녀들이 주님을 영접하고 신앙생활을 잘한다. 부모님들을 위해서 열심히 기도를 하니 언젠가는 신앙을 갖고 하나님 나라의 소망을 갖고 살게 될 것이다. 오랜만에 만나면 반갑다.

어저께는 산소에 왔다가 간다면서 묘동교회의 이 집사님이 과자를 한 보따리 가지고 왔다. 고향이 있다는 것은 행복한 것이다. 올해 12월에는 금강산 가는 도로가 개통된다고 하니 다행이다. 신의주는 경제 특정 구역으로 지정되어서 비자 없이도 갈 수 있다고 한다.

자본주의를 도입하는 북조선 사회는 줄타기를 하는 것 같은 긴장을 느끼고 있다. 우리가 격려를 해주어야 하는데, 줄을 흔드는 사람들도 있다. 신의주를 한번 가보고 싶어진다. 어느덧 단풍이 드는 설악산이 텔레비전에 보인다. 단풍 구경을 교우들과 함께 해야겠다. 우리나라 산하의 아름다움을 온몸으로 느끼는 것은 행복한 일이다.

추석 명절 과일과 송편을 먹으며 송 집사님네서 구역예배를 드렸다. 자식들이 명절 때 오는 것이 마냥 기쁘기만 한가 보다. 음식점을 하는 작은아들네 준다면서 고추를 다듬고 계신다. 아픈 다리를 이끌고 고추 농사를 해마다 짓는다. 그 고추에는 땀과 눈물과 정성이 배어 있다. 농산물에는 어느 것이나 농부의 모든 것이 배어 있다.

논에 벼들이 조금씩 사라진다. 추수한 논바닥을 보면 늙으신 어머니의 배처럼 쭈글쭈글하다. 논바닥을 보면 경외감이 든다. 생명을 잉태하고 낳는 어머니의 배와도 같기 때문이다. 구역예배를 마치고는 이 집사님네 산에 가서 밤을 주웠다. 알밤이 바닥에 쏟아져 있다. 산모기에 뜯기면서도 주웠다.

자연은 이렇게 좋은 것을 주는데 우리는 자연에게 무엇을 주고 있는가?

은혜 주는 사람

2002년 11월 17일

오늘부터 김기홍 장로님의 간증집회를 시작했다. 오곡리 분들이 많이 와서 하나님의 구원 역사를 볼 수 있기를 기도했다.

저녁에 광대골 몇 집에 전화를 했다. 모시러 간다고 하니 몸이 아프다고 하고, 다음에 가겠다며 미루신다. 영찬이 할머니와 신경란 할머니만 모시고 왔다. 신경란 할머니는 다리에 힘이 없어서 걸음을 간신히 걷는다.

오랜만에 예배당에 온다면서 예쁜 한복을 입고 가락지를 끼고 준비하고 계셨다. 영찬이 할머니가 시집가는 새색시라며 농을 했다. 예수님에게 시집을 가는 것이라며 농을 받는 할머니의 믿음이 순수하다. 예배당에 오니 교회 부근에 사시는 할머니들이 오시었다. 하늘나라의 소망을 가슴에 담아서 가시기를 바란다.

당진 감리교회의 호산나 율동 찬양 팀이 와서 30분 동안 공연을 했다. 천사들의 춤이었다. 기도로 준비를 하고 찬양하는 몸짓이 은혜롭다. 당진에서 지물포를 운영하신다는 남자 권사님은 찬양 단원으로 춤을 여성처럼 부드럽게 춘다. 상당히 연습을 한 듯하다. 그 열정이 부럽다.

다른 사람에게 은혜를 끼친다는 것은 귀한 일이다. 요즈음 세상처럼 다른 사람에게 피해를 주는 사람들이 많은데 세상의 어떠한 것보다도 더 귀한 하나님의 신령한 것을 주는 일은 아름다운 은덕이다.

장로님의 간증을 모두들 은혜롭게 들었다. 당진 감리교회 장로님과 찬양 팀은 당진교회에 꼭 모시고 싶다고 한다. 찬양 대원들은 오히려 은혜를 너무 많이 받고 간다며 나에게 고맙다고 한다. 은혜를 끼치고 은혜를 받는 것이 신앙의 원리이다.

　새곡교회 창립 이래 처음으로 하는 집회를 하나님이 예비하셨다.

최 씨 어머니의 죽음

2003년 1월 12일

오곡리 이장님이 회관에서 방송을 한다. 아침부터 방송을 여러 차례 한다. 내용이 정확하게 들리지 않는다. 문을 열고서 주의 깊게 들었더니 광대골의 최 씨 모친이 어젯밤에 작고하셨다고 한다. 이 추운 겨울에 장례를 치르려면 힘들겠다는 생각이 들었다.

　오후에 상갓집에 갔다. 마을 사람들이 트럭에서 커다란 돼지를 잡고 있다. 노인들은 드럼통에 장작불을 펴놓고 이야기를 하고 있다. 집안에는 아주머니들이 음식 준비를 하느라 분주하다. 상주인 최 씨와 인사를 했다. 89세인 어머니를 모시고 오랫동안 혼자서 살았다. 내가 인사를 하면 늘 미소를 지으면서 교회에 나가지 못해서 미안해 했다.

　7년 전에 최 씨 할아버지댁에 갔을 때 일이 기억난다. 인사를 하러 갔을 때에 할머니가 머리에 끈을 질끈 동여매고는 다른 할머니와 이야기를 하고 있었다. 교회 안내지를 주니까 화를 내면서 집어던졌다. 나는 몹시 당황해서 그 자리에 멍하니 서 있었다. 왜 화를 내는지 알 수가 없었다. 함께 있던 할머니가 미안한지 한마디 했다. 이 할머니는 절에 댕겨서 교회에 나가지 않는다고 거들었다. 이 동리는 절골이니까 교회를 다녀 봤자 소용이 없다고.

할머니 방은 내가 어릴 적 살던 시골집의 사랑방 같기도 했다. 하지만 방 안을 자세히 보니 부적이 있고 만신 그림이 걸려 있다. 무당집 같은 생각이 들었다. 그 다음부터는 그 집에 가고 싶지 않아 마당에서만 그 할머니를 만났다. 몸이 아프다는 소리를 들었지만 가보지 않았다.

여름에는 이장님이 최 씨 모친을 찾는다는 방송을 했다. 다음날 아침에 집에 돌아왔다고 한다. 달밤에 밤새 고추밭을 맸다고 한다. 치매 때문에 늙은 아들이 고생을 많이 했다.

준태 아버지께서 영정을 쓴다. 함평 정 씨인데 윤 씨라고 써서 시너로 지우며 나는 아직 영정 쓸 때가 아니라고 한다.

영혼으로 듣는 복음

2003년 2월 16일

온양 농아인교회가 기공예배를 드리는 날이다. 약도를 보고 찾아갔다. 박물관 맞은편에 있는 작은 언덕 밭이다. 326평의 땅을 매입하였다. 축사를 개조해서 만들었던 먼젓번 교회는 도시개혁으로 헐리게 되었다. 부부 복사님이 땅을 구하기 위해서 애쓰더니 좋은 땅을 구입하였다.

어제만 해도 날씨가 포근하더니 이날은 무척이나 추웠다. 겨울 동장군이 마지막 시샘을 하며 온 땅을 다 얼리었다. 천막을 치고는 예배를 드린다. 새곡교회 개척 예배도 천막을 치고 추운 겨울 12월 21일에 드렸다. 너무나 추워서 온몸이 꽁꽁 얼었었다.

농아인교회 집사님들이 수화 찬양을 했다. 입을 벌리면서 나지 않는 소리를 힘들게 내지만 무슨 소리인지 알 수가 없다. 빨갛게 언 손을 움직이면서 수화 찬양을 하는 것이 은혜로웠다. 손짓 몸짓을 하면서 손님들을 맞이한다.

교회는 신앙 공동체이다. 건물을 짓기 위해서 하는 행사이지만 공동체의 성장을 이루어 가는 행사이기도 했다. 이제 교회 건축비를 마련하는 것이 공동체의 몫이다. 땅은 보상받은 것으로 충당을 했지만 건축비는 막막하다고 한다.

지난번에 〈기독공보〉에 호소문을 광고로 게재했지만 도움의 손길이 없다고 한다. 사람들도, 교회들도 오늘 날씨처럼 차갑기만 한 듯하다. 그러나 날씨처럼 어느 때는 춥고 어느 때는 따스한 법이다. 따스한 바람이 사람들에게, 교회들에게 불기를 기도한다.

오곡리 친목회에서 문병을 간다고 회관으로 나오라 한다. 당진으로 갔다. 기준이 어머니가 교통사고를 당해서 입원해 있다. 기준이 부모님은 모두가 농아이다. 당진 에바다 농아인교회의 집사님이 간호를 해주고 있다. 글씨를 쓰면서 대화를 했다. 2년 전부터 농아인교회에 나가면서 수화를 배우고 있다. 복음은 영혼으로 듣는 것임을 새삼 느꼈다.

돼지 잡기 소동

2003년 4월 27일

교회에 갑자기 커다란 돼지 한 마리가 왔다. 어슬렁거리면서 다가온다. 조금 있다가 선영이 형이 소리를 지르면서 온다. 손에는 막대기를 들었다. 돼지가 우리를 부수고 나왔다고 한다. 막대기로 때리면서 몰면 반대 방향으로 도망을 간다. 혼자서는 돼지를 몰지 못할 것 같다.

나도 기다란 파이프를 들고 아랫길로 몰았다. 놀이터를 빙빙 돌면서 아랫길로는 가지 않는다. 양 집사와 송 선생님도 긴 막대기로 윗길로 가지 못하도록 막았다.

그러나 힘센 어미 돼지는 들이받으면서 큰길 쪽으로 뛰어간다. 여러 명인데도 돼지를 잡을 수 없다. 큰길 쪽으로 갔던 돼지는 한참 후에 다시 교회로 왔다. 교회 화단을 이리저리 걸어 다녀서 놀이터 쪽으로 쫓았다.

선영이 할머니가 포대와 사료를 가지고 왔다. 하지만 돼지는 사료 그릇을 거들떠보지도 않는다. 포대를 머리에 씌우고 끌고 가면 된다고 한다. 시도를 했지만 실패를 했다. 돼지가 힘이 세어서 선영이 형은 포기를 했다. 막대기로 모는 수밖에 없겠다. 돼지도 지쳐서 제대로 걷지도 못하고 쓰러진다. 입에 거품을 물고는 씩씩거린다.

우리에 갇힌 생활이 얼마나 답답했으면 우리를 부수고 탈출을 했을까? 우리가 있는 방향으로는 죽어도 가지 않으려고 한다. 갇혀 있다는 것은 고통스러운 일이다. 사람들은 무엇인가에 갇혀 있기도 하다. 나의 인생을 가두어버리는 감옥의 정체를 알아야 하는데 알지 못하고 평생을 보내기도 한다.

사망이라는 것이 예수님을 무덤에 가두어 두지 못했듯이 죄라는 것이 그리스도인들을 가두어 두지 못한다. 자유함을 얻은 존재가 되었음에도 갈릴리로 돌아간 제자들을 예수님은 찾아갔다. 그들에게 자유를 깨닫게 하기 위함이었다.

울산에서 목회하는 친구가 뜻밖에 심장마비로 죽었다는 연락이 왔다.

사망에서 자유한 존재로 하늘나라로 갔다.

그리스도의 향기

2003년 5월 25일

새들은 부지런하다. 아침에 나가면 새들은 대낮이다. 아주 시끄럽다. 교회
주변의 동산은 새들의 천국이다. 새의 종류가 몇 가지인지 셀 수 없을 정도
로 많은 듯하다. 까치와 비둘기들이 개밥을 쪼아 먹는다. 그래도 개들은 별
로 짓지도 않는다. 개들이 새들과 친해졌다.

요즈음은 앵두가 익어가니 앵두를 쪼아 먹느라 난리다. 왕초 새가 먼저
와서 주변을 탐색하고 졸개들을 부르면 졸개들이 재잘거리며 날아와 쪼아
먹는다. 그래도 사람이 먹을 것은 충분히 남겨 놓는다.

후박나무의 향기까지 바람에 퍼진다. 후박 꽃의 향기가 좋아 한 송이를
꺾어서 차에 놓았다. 향기에 취한 채 당진상담소에 갔다. 도서관 주차장에
주차를 하고는 상담소 교육 후에 와보니 햇볕에 후박 꽃이 다 시들어버렸
다. 후박 꽃에게 미안한 마음이 들었다. 차안의 향기가 너무나 독해서 문을
열어 놓아야 했다.

그 다음 날에 차를 타려고 문을 열었더니 후박 꽃 향기가 확 밀어 닥친
다. 차 안에 향이 배어버렸다. 향기의 힘에 놀랐다. 내가 어디를 가든지 나
는 항상 그 자리에 어떤 그리스도의 향기가 배어 있는지 생각하게 되었다.

한 아이 어머니가 상담 요청을 해왔다. 상담소에서 아이 문제로 상담을
했다. 아이의 그림을 보았다. 아이는 억압된 감정이 강하고 스트레스 수치

가 높다. 그림 이야기를 해주었더니 자신이 이해를 할 수 없다고 했다. 아이에게 배려를 많이 해준다고 했다. 그런데 요즈음 아이가 또래들과 어울리는 데 힘들어 한다고 한다.

　바이올린을 배우는데 재주가 있어서 잘한다고 한다. 그런데 아이가 배우기 싫다고 해서 걱정이란다. 바이올린을 중단하는 것이 좋다고 하니까 다른 것은 중단을 해도 바이올린만큼은 중단하고 싶지 않다고 했다. 내가 진행하는 정서교육에 아이를 보내라고 했다.

　사람들은 향기 없는 꽃을 피우려고 한다.

가정이 무너지는 시대

2003년 6월 15일

바름이 반장님이 새벽같이 왔다. 오늘 1반 부역을 하니까 일을 하러 나오라고 한다. 일 년에 두 번씩 길가에 풀을 깎는다. 나는 예초기를 가지고 풀을 깎기가 힘이 들어서 낫을 가지고 나갔다. 아주머니들과 함께 나도 깎은 풀을 치우는 일을 했다. 부역을 할 때에야 비로소 동리 사람들을 만나 이야기를 하게 된다. 작업은 두 시간 정도면 다 마친다. 회비를 거둬서 태안 안흥 포구로 가서 점심을 먹는다고 한다.

　오곡리 노인들은 점점 늙어 간다. 이제는 낫을 들고는 서성거리며 이야기만 한다. 동리 소식을 들을 수가 있다. 어른들 틈에 다섯 살배기 태호가 이야기를 듣느라 정신이 없다. 몇 명 되지 않는 아이들은 모두 어린이집에 갔다. 태호는 혼자 남아서 할아버지나 할머니를 따라다닌다. 규호 엄마가 아이를 바보 만든다며 걱정을 한다. 아빠가 관심이 없다고 한다. 아빠가 자주 오느냐고 물어보니까 자주 오지 않는다고 한다.

요즈음 시골에는 부모가 아이들을 맡겨 놓아서 할머니와 할아버지와 함께 사는 아이들이 늘어나고 있다. 가정의 존귀함을 잃어버리는 세대들이다.

결혼식장에 가려고 준비를 하고 있는데 전화가 왔다. 상담을 하고 싶단다. 중년이 된 남자이다. 신앙생활을 잘하던 아내가 친구에게 돈을 꾸어 주고는 받지 못하게 되었다며 걱정을 하였다고 한다. 돈을 받지 못해도 된다고 했다는데 그만 가출을 했다고 한다.

몇 달 전부터는 밤늦게 들어오고 가끔은 술에 취해서 들어오기도 했다고 한다. 가출을 한 이유를 모르겠다며 어떻게 하면 좋겠냐고 울상이다. 아내의 마음을 잘 알아주지 못한 것들이 누적이 되었을 가능성을 이야기해 주었다. 연락이 오면 아내의 마음을 배려해 주고 함께 부부 상담을 하라고 권면했다.

만세 삼창과 응원가가 울려 퍼지는 결혼식에 참석을 하고 왔다.

나누는 모습이 그립다

2003년 6월 29일

장맛비가 하루 종일 쏟아졌다. 논마다 물이 넘친다. 며칠 동안 계속 오면 물난리가 날 것이다. 올해는 홍수가 나지 말아야 할 텐데, 걱정이 된다.

비가 그치면 농부들은 바쁘게 된다. 농약을 주어야 하기 때문이다. 농약 때문에 먼저 농부들이 건강을 빼앗기게 된다. 그래도 한 해의 농사가 달려 있기에 농약을 여러 차례 주어야 한다. 예배 시간에도 농약 주는 소리가 요란해서 예배에 방해가 되기도 한다.

오곡리에도 작목반이 생겼다. 유기농 쌀을 재배한다고 한다. 오곡리 친목회 총무를 카센터에서 만나 농사 이야기를 하였다. 쌀 수입 개방 대비를 위해 농촌지도소에서는 유기농을 권장한다고 한다.

올해에 작목반을 구성해서 시범적으로 하는데 잘 될지 모르겠다고 한다. 문제는 노력한 대가를 받고 판매할 수 있느냐는 것이다. 농약 대신에 미생물로 만든 약을 주어야 하는데 그 값이 무척 비싸다고 했다. 또한 근본적으로 토양을 바꾸어야 하는데 몇 년이라는 세월이 흘러야 되는 일이다.

비가 그치고 해가 나니 살 것 같다. 나무와 풀, 그리고 곡식들이 물을 흠뻑 먹고는 포만감에 사로잡혀서 여유를 부린다. 자연은 싱싱해서 좋다. 교회 마당 소나무 밑에 있는 탁자를 치웠다. 전선 감는 틀로 만들었는데 몇 년이 지나니까 나무가 썩어서 못쓰게 되었다. 나무 밑에서 양식과 마음을 나누는 자리였는데 이제는 그 기능을 하지 못한다.

나누어야 할 자리에서 나누지 못하는 우리들의 모습처럼 쓰러진 테이블을 치워버렸다. 이제 새로운 나눔의 식탁공동체를 이루어야겠다. 나누지 못함으로써 발생되는 갈등을 힘으로 해결하려고 하는 세상에서 살기에 교회의 식탁공동체가 삐거덕거리는지도 모른다.

나눔으로써 생명을 건강하게 유지하고 있는 나무 밑에서 갈등을 보도하는 신문을 읽는다.

잠시 교회에 활력은 돌지만

2003년 7월 27일

오랜만에 교회에 생동감이 넘친다. 한 주간 동안 아이들이 소리 지르고 뛰어놀기 때문이다. 서울 신양교회 아동부가 여름성경학교를 새곡교회에서 했다. 놀이터의 미끄럼틀과 그네가 오랜만에 덩달아 신바람이 난 듯하다. 아쉬운 것은 비가 와서 서 씨네 잔디밭에서 놀지 못한 것이다. 아이들이 농촌에 와 신선한 공기를 마시면서 노는 경험은 정서적인 건강을 촉진시킨다.

소년부 아이들은 삽교천 함대를 관람하고는 내도리 갯벌에 가서 바지락을 잡아 왔다. 아이들이 잡아 온 바지락으로 집사님들이 바지락 수제비를 끓였다. 아주 맛있는 수제비가 되었다. 자연이 인간들에게 무엇을 주는지, 그리고 인간들은 어떻게 자연과 더불어 살아가는지를 깨달았으면 좋겠다.

생명이 없음에도 있는 것처럼 환상을 주는 사이버 공간에 사로 잡혀 있던 아이들이다. 환상과 현실을 분별할 능력조차 없이 사이버 공간 속으로 영원히 빠져들어 가고 싶은 대학생이 컴퓨터 앞에서 자살을 하였다. 인터넷에 자신의 죽음을 알리고 죽은 모습을 사신으로 올렸다. 생명력을 느끼지 못하면 허무할 뿐이다.

새곡교회 아동부의 성경학교는 올해에 하지 못하게 되었다. 신양교회 아동부 성경학교 때에 함께하기로 했는데 아이들이 학원에 가야 된다고 한다. 아이들의 숫자가 적어서 함께하기도 어렵다. 성경학교를 못하게 된 것은 7년 동안 처음이다. 이러한 현실이 농촌 교회의 모습이다.

농촌 아이들의 신앙을 위한 프로그램을 하지 못하고 도시 아이들의 신앙 프로그램을 하는 데에 환경을 제공해 주는 것으로 만족을 하여야 한다. 신나게 노는 아이들을 바라보면서 씁쓸한 마음을 다독거린다.

중고등부 학생들이 우리는 왜 수련회를 하지 않느냐고 해서 수련회 프로그램을 궁리했다.

진리 안의 자유함

2003년 9월 28일

아침에 교회 마당에 나가 보니 참새 한 마리가 죽어 있다. 사고로 죽었는지, 아니면 수명이 다 되어서 죽었는지는 모르겠다. 참새 한 마리도 이 세상에 태어나서 죽기까지는 수많은 삶의 과정을 거쳤을 것이다. 기쁨, 슬픔, 갈망, 만족 등의 경험을 했을 것이다. 하늘을 날면서 땅을 바라보며 일용할 양식을 찾아 헤맸을 것이다. 생명의 탄생과 죽음은 우주의 탄생과 죽음과도 같다.

교회 꽃밭에는 국화꽃이 피기 시작했다. 노란색, 하얀색, 분홍색의 국화꽃을 보니 마음의 긴장이 풀린다. 외롭게 딱 한 송이만 핀 장미꽃도 나를 흐뭇하게 만든다. 하나의 잡초도 땅에 뿌리를 박으면서 하늘의 바람과 함께 춤을 추면서 낭만을 즐긴다. 하늘에서도 땅에서도 생명들이 낭만을 즐기지만 유독 인간들만큼은 낭만을 즐기지 못하고 긴장된 상태에서 고통스러워한다.

'물은 아래로 흐른다' 고 하신 무위당 장일순 선생은 사회변혁을 추구하는 운동가들에게 민중들에게 들어가서 밑으로 기어야 한다고 강조했다.

선생은 그렇게 평생을 살았다. 한국이 낳은 성자이다. 풀 한 포기와 아침이슬에서 진리를 깨닫는 선생이었다.

사람들은 진리에 대한 관심보다는 말초적 즐거움을 추구한다. 신앙공동체를 내세우는 곳도 진리를 추구하는 것에는 부담스러워한다.

예산 장애인 복지회관에서 전화가 왔다. 장애인 가족 어머니들을 대상으로 미술치료를 해달라고 한다. 주로 뇌성마비와 자폐아 자녀를 둔 어머니라고 한다. 미술치료 작업의 초점을 가족 간의 의사소통에 두고서 미술치료를 하기로 했다.

가장 완전한 의사소통은 진리 안에서 자유할 때에 가능해진다. 그래서 예수님은 우리에게 진리 안에서 자유하라고 했다.

한 마리의 참새를 보면서, 풀 한포기와 국화꽃을 바라보면서 진리 안에서의 자유함을 느끼는 아침이다.

지금-여기

2003년 12월 28일

한 중년 여성이 심리상담 임상에 참여하였다. 내담자로 참여한 그 여성은 자신의 감정의 느낌을 정확하게 이해할 수가 없어서 상담을 받게 되었다. 자신의 감정을 이해할 수 없었던 경험을 이야기하였다. 그중에 신앙적인 경험의 이야기가 있었다.

어느 날 자신이 예수님 때문에 하나님의 양자가 되었다는 사실을 의식하면서 왠지 속이 상했다고 한다. 내가 본래 하나님의 자녀가 아니었다가 스스로가 아닌 예수님 덕분에 하나님의 양자가 되었다는 것을 인정하고 싶지 않았다고 했다. 양자라는 사실이 마음에 들지 않았다고 한다. 그러다가 예수님으로 말미암아 구원을 받고 하나님의 자녀가 된다는 사실이 확실하기 때문에 인정하였다고 한다.

나는 이 여성이 교수님과 상담하는 장면을 보면서 신앙이라는 것과 감정의 관계를 생각하게 되었다. 감정의 변화에 따라서 신앙의 내용들이 바뀌게 되는 경우가 있다.

감정은 지금-여기에 현상적으로 드러난다. 그러다가 사라진다. 그 감정 때문에 우리는 행복해 하기도 하고, 슬퍼하기도 하고, 분노하기도 한다. 그 감정 때문에 하나님께 감사를 드리기도 하고, 하나님을 원망하기도 한다.

이 감정의 실체를 정확하게 느낀다는 것은 그리 쉬운 일이 아니다. 감정을 잘 아는 것은 예수님을 잘 알 수 있는 길이기도 하다. 예수님을 나의 감정을 통해서 지금-여기에서 만날 수 있기 때문이다.

나는 지금-여기에서 얼마나 감정을 진솔하게 들여다보고 있을까? 나는 얼마나 나의 감정을 통해서 예수님을 만나고 있을까?

12월 마지막 주일을 맞이하면서 나의 감정을 들여다본다. 예수님을 만나기 위해서…….

새곡교회의 새해 소원

2004년 1월 4일

갑신년 새해를 맞이하기 위해 전 국민이 흥분하는 듯하다. 바닷가의 명소들은 신년 해돋이 행사를 한다.

당진도 두 곳에서 한다. 왜목마을과 한진이다. 한진은 올해 처음으로 행사를 준비한다. 한나루 해돋이 행사라는 현수막이 당진 곳곳에 걸려 있다. 한진은 서해대교를 배경으로 해가 뜨기에 경관이 좋다. 해돋이를 볼 수 없을 것 같다는 일기예보가 있다. 그러나 31일의 날씨는 맑았다. 오후에 한진에 가게 되었다.

혁이네가 영업을 시작했다. 현수막을 달아 주었다. 한진 입구에는 트럭 포장마차가 즐비하게 들어섰다. 경찰들이 교통정리를 하기 위해서 버스 1대로 전경들을 동원시켰다. 오후에는 손님보다는 경찰이 더 많다.

저녁때가 되니까 밤안개가 끼기 시작한다. 해를 보기는 어려울 듯하다. 한 해 동안 힘들게 살아온 국민들이 무엇인가 희망을 가지려고 몸부림을 하는 듯하다. 동쪽에서 떠오르는 해를 보면서 희망을 먹고 싶은가 보다. 그렇지만 희망을 주어야 할 지도자들은 자신들의 잇속만 차리고 있다. 자기 잇속만 차리는 사람들이 신년 해를 먹음으로써 이웃에 희망을 줄 수 있기를 바란다.

동해와 서해 곳곳에서는 신년 해를 먹으려고 인산인해를 이루었다. 한진에도 사람들이 발 디딜 틈 없이 왔다고 한다. 그렇지만 안개 때문에 뜨는 해를 보지 못했다고 한다. 눈으로는 보지 못했을지라도 마음으로 신년 해를 먹고 갔을지도 모른다.

올해에도 사람들의 새해 소원은 부자가 되는 것이라고 한다. 돈의 부자만이 아니라 마음의 부자가 되었으면 좋겠다. 새곡교회도 부자가 되었으면 좋겠다. 믿음의 부자가 되었으면 좋겠다. 사랑의 부자가 되었으면 좋겠다. 하늘에서 내려온 생명의 양식이 가득 찬 부자가 되었으면 좋겠다.

이정표를 다시 세우며

2004년 3월 21일

새곡교회 이정표가 잘 보이지 않는다고 한다. 8년 전에 세운 자리에 집이 지어져서 가려졌기 때문이다. 또한 언덕 밑이라서 한편에서는 진입을 하려면 위험하다. 언덕 위쪽에 이정표를 세워야겠다.

눈에 잘 띄도록 노란색 바탕에 교회 이름을 쓰고 총회 마크도 큼직하게 도안을 했다. 박봉준 성도가 낸 전도비로 제작을 했다. 강한 바람에도 꺾이지 않도록 굵은 파이프를 사용했다. 이영재 집사가 파이프를 구해 주었다. 맘에 드는 이정표가 만들어졌다.

토요일 아침에 언덕 입구에 세우기 위해서 작업을 하는데 땅 주인이라는 분이 지나가다가 왔다. 자기네 땅이니 세우지 말라고 한다. 서울에서 땅 문제로 택시를 대절해서 왔는데 우리가 작업을 하는 것을 보았다고 한다. 땅 때문에 자기는 속을 많이 썩어서 병이 다 났다고 한다. 땅이 사람을 병들게 했다. 미안하다고 하고서 다른 곳에 세웠다.

길에서 이정표가 잘 보인다. 교회 이정표는 이 지역에 복음의 씨가 심어졌다는 표시이기도 하다. 구원의 해방구라는 표시이기도 하다. 주님께서 이곳을 선택하셨다. 언젠가는 이 지역이 복음화가 될 것이다. 새곡이라는 교회 이름처럼 새롭게 변화되는 마을이 될 것이다. 그날을 소망하면서 이 정표를 세웠다.

이 길을 지나가는 수많은 사람들이 이정표를 볼 때에 복음의 능력으로 새롭게 변화되는 역사가 일어나기를 기도한다. 성숙해지기 위해서 변화를 하는 자연처럼 인간들도 그렇게 변화를 했으면 좋겠다. 변화를 하는 데는 장애가 많다. 그럼에도 변화를 이루어내는 존재는 바로 생명이다. 살아 있기에 변화를 한다.

변화를 거부하는 어두움을 물리치기 위해서 오늘도 사람들은 손에 촛불을 들었다. 새곡교회가 복음의 촛불을 들고서 이 지역의 사람들 마음속에 있는 어두움을 밝게 하였으면 좋겠다.

복음이 필요한 이 땅

2004년 4월 18일

두릅을 땄다. 어느새 싹이 많이 나왔다. 이제는 나무가 커서 장대를 사용해야 했다. 소각장 뒤편에서 땄고 교회 뒤편에서도 땄다. 아내가 며칠 전에도 따와 우리는 고추장에 찍어서 맛있게 먹었다. 아내가 산소에 오시는 시어머니를 드려야 한다고 해서 하나라도 더 따려고 가시에 찔리고 긁히면서 땄다. 두 바구니나 된다.

두릅나무 밑에는 머위가 밭을 이루었다. 머위도 맛이 있는 식물이다. 봄이 되면 이처럼 땅이 생명을 부활시킨다. 우리는 그 부활의 생명을 먹는다.

하지만 우리도 부활을 해야 하는데 그냥 멈추어 있다.

시간이 어느새 죽음을 몰고 온다. 시간은 우리를 속이지 않는다. 오곡리에는 요즈음 초상집이 많이 생긴다. 나와 이야기를 하였던 사람들이 하나둘씩 부활의 땅에 묻힌다. 복음이 필요한 사람들인데 아쉽다. 복음은 끊임없이 시간과 함께 우리에게 오는데 우리는 시간만 만난다. 잔인한 4월을 지내면서 시간만 원망하는 사람들이 개표 상황을 본다.

당진은 이번 총선에서 유명해졌다. 김낙성 후보와 박기억 후보가 9표 차로 운명이 갈렸다. 김낙성 후보는 정치 운이 좋은 사람이다.

이번 총선은 정책보다는 감정에 좌우하는 판이었다. 지역감정에 호소하던 민주당과 자민련은 패망을 했고, 신한국당은 견고한 지역감정의 성을 다시 구축하였다. 박정희 향수가 감정을 요동치게 했다.

이번 선거판은 진보와 보수의 힘겨루기 판이기도 했다. 진보 정당이 50년 만에 국회로 진입을 하게 되었다. 이는 시간만의 역사가 아니라 복음의 역사이다. 나의 한 표도 복음의 역사였다. 복음이 필요한 이 땅이다.

복음의 현장에 함께 있는 동반자들이 아름다운 세상을 만들어 가고 있다.

어미 새의 본능

2004년 6월 20일

주일날 예배 후에 집사님들과 마당에 있는 소나무 밑 의자에 앉아서 이야기를 하였다. 블록 위에 얹어 놓은 대리석 돌판 밑에 새집이 있다고

한다. 블록 가운데의 작은 공간 속에는 새끼 다섯 마리가 오물오물 엉켜 있다.

어미 새가 나무 주위에서 펄럭거리면서 짹짹거린다. 새끼에게 먹이를 주어야 하는데 사람들이 있으니까 걱정이 되나 보다. 시간이 지나도 우리가 일어나지 않으니까 조급한 어미 새는 동료들을 집단으로 데리고 와서는 주위를 빙빙 돌면서 시위를 한다. 우리 보고 빨리 가란다. 새소리 때문에 대화에 지장이 될 정도이다.

제 새끼를 살리기 위해서 어미 새는 필사적이다. 이곳이 가장 안전하다고 생각한 새는 이곳에 둥지를 틀었다. 블록 벽에 싸여 있으니 얼마나 튼튼할 것인가. 다른 짐승이나 다른 새들이 새끼를 공격하지 못하리라고 여겼을 것이다. 그런데 알고 보니 인간들이 앉아서 새끼들이 안전하게 머무는 공간을 점령하였던 것이다. 인간들은 점령군이다.

무더위 끝에 비가 온다. 아침에 새끼 새가 궁금해서 블록 의자 밑을 들여다보았다. 그런데 며칠 사이에 새가 없어졌다. 어미 새가 불안하니까 다른 곳으로 옮겼을까? 그 작은 새가 어떻게 옮겼을까? 이상한 일이다. 생존 본능은 대단한 힘을 가지고 있으니 옮길 수도 있을 것이다. 아니면 새끼들이 안간힘을 써서 그 공간을 탈출했을지도 모른다.

교회 주변의 공간에는 나무가 울창하여서 새들이 많다. 온갖 새들의 군락지가 된 듯하다. 새들이 교회 공간을 점령한 것이 아니라 교회가 새들의 공간을 점령하고 있음을 알게 되었다. 새들에게 미안한 마음이 생긴다. 이름 모를 작은 새들이 후박나무와 앵두나무, 그리고 소나무 등으로 날아다니면서 자꾸만 나에게 무어라고 지저귄다.

아이들 이해하기

2004년 7월 18일

홍성여중에 갔다. 학교에서 관리하기 어려운 학생들을 학년별로 집단을 구성해서 나와 미술치료를 하면서 상담을 하기로 했다. 이 학생들은 학교가 원하는 학교생활을 하지 않고 나름대로 자기들만의 학교생활을 만들어 가고 있다. 자기들만의 해방구를 만들어 가고 있다.

작년에 내가 이러한 학생들을 집단으로 미술치료를 하면서 상담을 했었다. 어머니들과도 함께 상담을 했었다. 부모들이 역할을 어떻게 하느냐에 따라서 아이들의 학교생활을 건강하게 할 수 있다는 사실을 강조했었다.

어머니들은 친목 모임을 만들어 아이들이 스트레스를 덜 받도록 배려를 해주었다고 한다. 아이들의 자존감을 존중해 주는 대화를 하며 노력을 했단다. 그래서 2학년 그룹은 지금 건강한 학교생활을 하고 있다고 한다. 그런데 1학년 학생들의 그룹이 생겨나서 나에게 다시 상담 프로그램을 요청하였다.

대부분 학생들은 엄마로부터 스트레스를 많이 받고 있다. 어떤 학생은 엄마가 암에 걸려서 고통을 당하다가 죽었으면 좋겠다고 한다. 차라리 새엄마가 생겼으면 좋겠다고 한다.

중학생이 되면 아이들은 자아 형성을 구체적으로 하면서 부모들로부터 독립하려 하고 그러면서 반항을 하게 된다. 반항적인 행위를 안아 주지 못할 때에 가출을 하거나 자신의 인생을 포기하게 된다.

3학년 학생이 엄마와 왔다. 교사가 참다 못해서 폭력을 사용하니 경찰에 신고를 해서 학교가 소란스러웠다고 한다. 전학을 보내겠다는 연락을 받은 엄마가 눈물을 흘리면서 어떻게 하느냐고 나에게 사정을 한다.

말을 하지 않는 학생을 잘 달래서 상담을 했다. 졸업을 할 수 있도록 교장선생님께 부탁을 하기로 했다. 교감선생님과 교장선생님에게 부탁을 해서 졸업을 할 수 있도록 하겠다는 약속을 받았다.

청소년들의 문제를 그들에게 책임 지울 수 있을까?

진정 하늘에 보물 쌓는 일

2004년 9월 19일

아기를 출산한 성도가 예쁜 딸을 낳았다고 전화를 했다. 딸이 예쁘다고 한다. 신장 한쪽이 나쁘다는 사실을 미리 알았는데 나머지 한쪽도 초음파 검사를 했다고 한다. 결과가 다음 날 나온다면서 걱정을 한다.

다음 날 아기 엄마가 울면서 전화를 했다. 나머지 한쪽의 신장도 좋지 않다고 한다. 병명이 다낭성신장이라고 한다. 인터넷으로 찾아보니 신장에 물혹이 생긴 것인데 성장을 하면서 혹이 커질 확률이 높다고 한다. 그러면 신부전증이 생겨서 고통을 당하게 된다고.

아기는 계속 치료를 받아야 한다고 하니 경제적인 부담이 상당할 것 같다. 건강한 아기를 낳게 해달라고 하나님께 간절히 기도를 했는데 힘이 빠진다. 아이를 끔찍하게도 사랑하는 엄마에게 어떠한 위로의 말을 해줄 수 있을까? 내일 병원에 성도들과 가기로 했다.

성경을 뒤적거리면서 권면의 말씀을 찾았다. 시편 121편이 눈에 들어왔다.

"내가 산을 향하여 눈을 들리라 나의 도움이 어디서 올꼬."

도움이 필요한 영혼에게 도움이 온다. 이것은 하나님 나라의 법칙이다.

설교 준비를 하였다. 하늘에 보물을 쌓으라는 성경 말씀이다. 이 말씀이 일부 목사들에 의해서 왜곡된 사례가 많다. 교회에 헌금을 많이 하는 것이 하늘에 보물을 쌓는 것이라고 왜곡을 했었다. 도움이 필요한 사람들에게 다가가서 함께하는 것이 하늘에 보물을 쌓는 일이다. 보물을 쌓아야 할 하늘은 우리들 가운데에 있기 때문이다.

자연에 군림하는 인간

2004년 10월 31일

오곡리 들녘에 트랙터가 분주하게 움직이더니 동리 바심이 다 끝났다. 서 씨는 달밤에도 트랙터로 바심을 한다. 트랙터가 얼마나 많은 일을 하는지 모르겠다.

옛날에는 바심을 하면 온 동리 사람들이 출타를 하지 않고서 품앗이로 일을 했다. 마을이 들썩거렸고 아이들은 검불 때문에 몸이 따가웠지만 좋았다. 와룽와룽 소리를 내면서 돌아가는 탈곡기 소리에 더욱 신이 나서 볏짚을 날랐다. 어른들이 점심을 먹는 사이에 나도 해보려고 탈곡기 발판을 누르다가 무릎이 찢어져서 소리도 내지 못하고 운 적도 있었다.

바심이 끝나면 아저씨들은 바로 지붕을 엮어서 초가지붕을 단장했었다. 마을마다 초가지붕이 단장되면 시집가는 새색시 화장한 얼굴 같았다.

그러한 추억의 모습이 지금 농촌에는 없다. 트랙터라는 괴물이 논과 밭을 헤집고 다니면 일이 끝난다. 그래서 시골 집집마다 융자를 받아서 트랙터를 산다.

교회 주변에 낙엽이 많이 떨어진다. 낙엽을 쓸어서 버리는 것도 큰일이다. 교회 건물을 가리는 나무들을 베어버렸다. 8년 전에 내가 심은 나무들이다. 이제는 너무나 자라서 교회 건물을 가린다. 땀을 흘리면서 톱질을 한참 해야 베어질 정도로 컸다. 힘이 들어서 다 베지 못하고 남겼다. 다음 주에 뒤쪽까지 베어야 한다.

우리에게 기쁨을 주었던 나무들을 베어내려니 마음이 아프다. 성장을 하려고 애를 쓰던 흔적들이 나뭇가지에서 보인다. 옆에 나무처럼 잘려지지 않고 꿋꿋하게 서 있기를 바랐을 텐데 인정사정없이 베어버리니 말이다.

인간들은 이처럼 자기들 편리한 대로·자연을 사용하면서 군림한다.

농부의 숙명

2004년 11월 14일

송 집사님에게 전화가 왔다. 수요 예배 때에 쌀을 가지고 가라고 한다. 방아를 찧어서 서울 자식들에게 보내고 몇 가마 남는데 한 가마를 교회에 바치겠다고 한다. 힘든 농사를 지어서 교회에 바치는 것은 믿음이 있기에 가능한 일이다.

교회니까 밤에 쌀을 내어 준다고 한다. 처음에 무슨 말인가 의아해 했다. 곡식은 낮에 밖으로 내지 밤에는 내지 않는다는 뜻이었다. 교회니까 그런 것을 가리지 않는다고 한다. 교회는 어떤 금기도 다 넘어설 수 있다는 믿음이 있다. 해마다 허리가 더 구부러지는 송 집사님의 믿음에 감사함이 절로 생긴다.

송 집사님은 요즘에도 구부러진 허리를 버티면서 밭에 마늘을 심는다. 어느새 마늘이 파랗게 짚을 헤치고 나온다. 뒷밭에는 배추를 심었다. 음식점을 하는 아들에게 줄 배추이다. 그런데 일부가 병이 들어서 몹시 속상해한다.

이번 일요일에 자식들이 내려와서 쌀을 가지고 간다는 것에 힘이 생기는지 목소리가 커진다. 자식들에게 무엇인가를 준다는 사실은 행복한 일이다. 이제 농사를 그만 지라고 해도 힘이 닿는 데까지는 짓겠다고 한다. 이제 김장을 하고 나면 물리치료를 받으러 병원에 다닐 것이다.

시골 병원의 의사들은 농사철이 노는 날이다. 이제 병원마다 노인들로 북적북적할 것이다. 이제는 농사를 못 짓는다고 하면서도 시골 노인들은 봄이 되면 다시 씨를 뿌린다. 가을 추수 때가 행복하기 때문이다. 농사를 지어서 가져갈 것이 많아야 자식들의 얼굴을 자주 보기 때문이다.

자식들을 반갑게 맞이할 날이 다가와서인지 오곡리 할머니와 할아버지들의 목소리가 커졌다. 김장 양념거리를 준비하려고 하는지 장날에 정류소에 삼삼오오 나와 있다. 쌀개방으로 시무룩해 있던 농민들이 쌀가마니를 보고는 잠시나마 행복해져 있는 11월이다.

풍성한 성탄 축하 발표회

2004년 12월 26일

성탄 축하 발표회가 열렸다. 10명의 아동부 어린이가 준비를 했다. 몇 년 전만 해도 25명의 어린이가 발표회를 했었다. 연극도 했다. 동리 사람들을 초청하기도 했었다. 그런데 이제는 초라한 발표회가 되어서 동리 사람들도 초청을 하지 않았다. 우리끼리만의 잔치를 했다.

두경 선생이 사회를 보았다. 기술을 배우러 도시로 갔다가 다시 왔다. 사회를 여유 있게 잘 본다. 많이 성숙했다. 신앙적으로도 성숙을 했다. 책임감을 가지고 희영이와 은미 선생이 열심히 준비를 했다. 발표 순서가 몇 가지 되지 않아서 걱정이 된다.

여는 기도는 준태가 했다. 유아시절부터 교회에 다녔다. 이제는 초등학교 5학년이 되어서 아동부 고참이다. 갑자기 시켰는데도 제법 잘한다.

첫 순서로 3살짜리 호준이와 유진이가 "싹트네" 율동 찬양을 했다. 너무나 귀엽게 해서 어른들은 뒤로 넘어갔다. 아동부가 열심히 연습한 핸드벨 찬양은 아슬아슬했지만 잘했다. 마음을 같이해야 연주할 수가 있다. 적은 인원이지만 아동부가 핸드벨을 연습하면서 하나가 되었다. 말도 듣지 않고 유림이를 귀찮게 하고 울리던 길원이도 틀리지 않고 잘한다.

어른들의 순서에서 홍 집사님이 시 낭송을 했다. 감정 처리를 잘한다. 젊은 교사들의 수화 찬양은 수준급이다. 연습하러 사택에 와서는 연습하기보다는 먹기에 더 열을 올리더니만 그래도 먹은 값을 했다. 초라할 것 같은 성탄 축하 발표회가 풍성해졌다. 케이크도 나누고 다과도 푸짐했다. 아이들이 좋아한다. 캄캄한 밤에 아이들을 집에 데려다주었다. 아이들도 이제 얼마 가지 않아서 아이들을 가르치는 교사가 될 것이다.

새곡교회의 역사를 또 한 페이지 써 내려간 하루였다. 9년의 새곡교회 역사가 초라하지 않음을 보여준 성탄절이다.

농촌에서 사라져 가는 것들

2005년 1월 9일

아침에 새로 뽑힌 이장님이 방송을 한다. 오늘 마을잔치가 있으니 모두 마을회관으로 오란다. 지난번 이장 선출이 있는 대동회에 참석을 못했는데 오늘은 참석을 해야겠다.

그동안 마을 일에 참여를 하지 못했다. 청년회에도 나가지 못해서 회비도 1년 동안 내지 못했다. 교회 형편이 어려우니까 마을 일에 참여하지 않게 된다. 당진 청소년 상담실 일로 바쁘다는 핑계를 댄다. 내가 항상 바쁘다는 사실을 동리 분들이 인정해 주어서 그나마 다행이다. 길에서 만나게 되면 나는 차 안에서 인사를 하게 된다. 늘 바쁜 모습으로 비쳐지게 되는 것이다.

겨울철에는 농촌에서 마실을 가는 때인데 여유 있게 겨울을 보내지 못하고 있다. 이제는 마실을 다니는 사람도 많지가 않다. 이곳 사람들은 겨울이 되면 굴을 따러 바다에 간다. 추운 겨울 바닷바람에 맞서면서 굴을 딴다. 2반에 사는 조 씨는 굴 14kg을 서울에 인편으로 팔았다고 한다. 부지런한 사람이다.

바다가 오염이 되어서 굴을 따기가 무척 힘이 든다. 자연에서 돈을 따는 일이다. 당진은 천혜의 고장이었다. 아름답고 먹을 것이 많은 갯벌이 있었다. 지금은 갯벌을 모두 메워서 낚싯배들만이 도시 손님을 기다리고 있다.

텔레비전에서는 도시생활을 접고 농촌에 사는 젊은이들을 방영해 준다. 그 방송을 보다 보면 농촌 사람들에게 미안하고 부끄러워진다. 농촌의 사회적이고 정치적인 모순에 대해서는 눈을 감고 오직 자신들만의 행복을 이루기 위한 삶의 공간으로 농촌을 점유하는 것이다.

도시의 달동네를 돈 있는 사람들이 점유하듯이 농촌도 노인들이 죽으면 그 자리에 웰빙을 부르짖는 도시 사람들이 점유할 것이다. 노인들이 하늘 나라에 가시면 농촌에서도 대동회가 사라질 것이다. 농촌에서 사라질 것들의 종류가 늘어나는 안타까움이 느껴지는 겨울이다.

10대 70의 교육

2005년 3월 13일

당진군 고산리를 찾아갔다. 고산초등학교에서 교사 미술 치료 교육을 하기로 했다. 작년에 박 선생님이 특별히 부탁을 했었다. 시골의 작은 교회에서 아이들에게 좋은 교육을 하기 위해서는 선생님들이 상담에 대한 공부를 먼저 했으면 좋겠다고 한다.

그곳은 신작로에서 400미터 정도 안쪽으로 들어가야 했다. 아주 조용한 마을 야산 밑에 초등학교가 있다. 건물도 새롭게 지어서 아담하다. 운동장은 무척 넓다. 어릴 적에 다니던 계성초등학교 생각이 난다.

연구실이라고 쓴 곳으로 들어가니 선생님들이 계신다. 교무실을 연구실로 이름을 바꾼 이유가 궁금했다. 교감선생님과 이야기를 했다. 30년 전에 평교사로 고산학교에 근무를 했었는데 그 당시에 학생 수가 700명이었다고 한다. 그런데 지금은 70명이라고 했다. 전인교육을 하기에 알맞은 수이다. 이런데서 교육을 하면 보람이 있을 듯하다.

운동장에 들어왔을 때에 작은 초등학생이 일부러 나에게 와서 인사를 했다. 지금 버스를 기다리는 중이라고 했다. 자기 학교에 손님이 오니까 반가웠나 보다. 도시의 교육 환경도 이렇게 되었으면 좋겠다.

미술 심리치료 이론 강의를 하고는 그림 그리기를 했다. 그림을 분석하는 방법을 가르쳐 주면서 선생님 두 분의 그림을 가지고 이야기를 하였다. 이야기는 재미가 있고 신비한 효과가 나타난다.

다음 주에는 다른 분의 그림을 가지고 이야기를 하기로 했다. 그리고 선생님들에게 숙제를 내주었다. 각 반의 아이들에게 그림을 그리게 하고 이야기를 해보라고 했다. 열 분의 선생님들이 흥미를 가지면서 수업에 참여한다.

한국 사회가 건강해지려면 교육 혁명이 일어나야 한다. 학생들의 일진회의 실상이 보도가 되었다. 입시 경쟁에서 제외된 학생들의 해방구가 일진회이다.

하우스 공장

2005년 4월 3일

땅이 봄바람에 녹았다. 땅이 부드러워지자 농부들이 바빠졌다. 밭에다 거름을 펴고 트랙터로 밭을 갈기 시작했다. 밭에다 무엇을 심어야 성공할 수가 있을지는 아무도 모른다. 농사는 예측이 불가능하다. 과학이 발달했어도 예측 가능한 농사를 지을 수 없다. 그 이유는 농산물 유통에 문제가 있기 때문이다.

오곡리 농부들은 감자와 고추를 많이 심는다. 감자를 심을 때에 갑자기 추워져서 냉해를 입었는지도 모른다. 감자의 싹이 잘 나오는지 기도하는 마음으로 밭두렁을 서성이는 농부의 마음은 답답하다. 비닐하우스 안 고추모의 상태도 불안하다. 기후 변덕으로 잘 자라지 못하고 있다.

작년 고추 농사는 병충해 때문에 흉작이었다. 그래서 올해에는 고추를 심지 않았던 밭에 고추를 심어야겠다고 한다. 병충해가 땅을 너무나 혹사했기 때문이다. 그래도 땅은 올해에도 풍성한 생명을 품어낼 수 있을 것 같다.

교회 건너편 논에 초봄부터 작업을 한다. 논을 흙으로 메워서 밭으로 만들었다. 다른 동리에 사는 하우스 농사 재배자가 하우스를 짓는다. 상당히 큰 대형 하우스 두 동이 건설되었다. 하우스를 짓기 위해서 많은 자본을 투자한다. 하우스는 농산물을 생산하는 공장이기도 하다. 하우스 공장이 어려움 없이 잘 돌아가기를 기도한다.

욕심으로는 저농약 농산물을 생산했으면 한다. 시장의 경쟁을 이기려면 농약을 많이 사용해야 되는 유혹이 있다. 이 유혹을 극복하기란 참으로 힘든 일이다. 자본의 욕망은 인간을 황폐화시킨다. 그리고 무덤에 가두어버린다.

무덤 속에 있는 사람들을 부활시키는 사람들이 있다. 그들을 그리스도 인이라고 했다. 2천 년 전의 이야기이다. 오늘날에도 부활을 일으키는 그리스도인들이 많아졌으면 참으로 좋겠다.

정신대 할머니의 죽음

2005년 5월 1일

새벽에 이장님의 안내 방송이 나온다. 창문이 닫혀 있어서 소리가 정확하지가 않다. 새벽에 방송을 하는 것을 보니 누군가 하늘나라에 가셨나 보다. 창가에 가서 자세히 들으니 신경란 할머니가 오늘 새벽에 돌아가셨다고 한다. 순간 안타까움과 홀가분함이 동시에 느껴졌다.

신경란 할머니는 정신대 할머니로 평생 고향에 가지 못하고 당진 어느 선생의 첩으로 들어와서 사람들의 눈총에 맞서며 살아왔다. 남편이 중풍으로 죽고 허름한 방앗간을 물려받았지만 일하는 사람이 글자를 모르는 할머니를 속이고 이웃들에게 빚을 얻어서 도망치고 말았다. 그 남자는 술집 여자에게 넘어가서 돈을 모두 탕진했다고 한다.

이 세상에 아무런 미련도 없다고 하시면서도 돈은 있어야 살 수 있다고 저금통장을 꼭꼭 간직하셨다. 사람에 대한 신뢰를 갖지 못해서 짐승을 아주 좋아했다. 고양이, 개와 강아지가 항상 집 주변에 있었다. 방 안에서까지 고양이와 강아지를 안고 잠을 자서 늘 방에 냄새가 났었다.

내가 가면 생명의 은인이라면서 손을 모으고 기도를 해달라고 했다. 순천향대학병원에 가서 입원을 시키고 보호자 서류에 내 이름으로 사인을 하고서 수술을 할 수가 있었다. 수술을 받다가 죽을까 몹시도 두려워했던 할머니를 기도해 주면서 안심을 시켜 드렸다. 회복되어 집으로 오는 길에는 아기같이 좋아했다.

장례식장에 갔다. 본처의 아들과 대구에서 사는 조카가 빈소를 지키고 있었다. 원래 천안 공원묘지에 모시려고 했는데 조카가 고모가 평생 고향을 오지 못했는데 죽어서라도 대구에 있는 선산에 오시면 좋을 것 같아서 대구로 모신다고 한다.

밤에 지역신문 기자가 나에게 왔다. 신경란 할머니에 대해서 기사를 쓰고 싶다고 한다. 아픈 마음으로 할머니 이야기를 했다.

나무처럼 살고 싶다

2005년 8월 28일

비가 그치고 가을바람이 분다. 바람이 시원한 것이 신기하기도 하다. 자연의 변화를 인간이 마음대로 하기가 어렵다. 다만 자연의 변화에 순응을 하면서 감사할 뿐이다. 나에게 시원한 바람은 밀린 일을 하라는 징조이기도 하다. 미루었던 풀 깎기를 하였다. 예초기의 날을 갈았다. 풀을 깎는데 조심하느라 안면 보호대를 착용하였다. 팔이 아파서 천천히 작업을 했는데도 힘에 부쳐서 몇 번을 쉬어야 했다.

조심히 한다고 했는데 마지막에 힘이 없어서인지 돌멩이를 피하지 못해서 돌멩이가 튕겨서 종아리에 맞았다. 뼈에 맞지 않은 것이 다행이다. 금방

시퍼렇게 멍이 들었다. 예초기 날은 끝부분이 떨어져 나갔다. 풀을 깎을 때에 풀냄새가 물씬 풍긴다. 풀냄새가 좋다. 교회 주변이 깔끔해졌다. 나무들이 좋아할 것이다. 시원한 바람이 잘 소통을 하기 때문이다.

소통이 잘 이루어지는 것은 좋은 일이다. 한국 사회는 소통이 잘 이루어지지 않는다. 자기들만의 장벽이 너무나 굳건하게 세워져 있기 때문이다.

청와대에서 누군가를 향해서 의사소통을 하자며 열심히 노력을 하는 듯하다. 그런데 그 의사소통의 의미를 알아차리지 못하는 실정이다. 대통령은 왜 내 말귀를 알아차리지 못하느냐고 짜증을 낸다. 국민들은 더 짜증이 난다.

갑갑하고 후덥지근하고 짜증나는 여름이 지나고 가을바람이 불어와서 시원했는데, 사회에서 불어오는 소통의 바람은 가을바람이 아니라 장마철의 후덥지근한 바람이다. 그래도 나무들은 여유 자적한다. 햇빛과 바람이 나무를 휘감아 돌면 나무는 간지럽다는 듯이 생글거린다. 나도 저 나무처럼 여유 자적하면서 웃었으면 좋겠다.

나무처럼 살고 싶다던 어떤 사람이 그것이 얼마나 교만한 생각이었는지 몰랐다고 한 이야기가 언뜻 떠오른다.

그래도 나무처럼 살고 싶다.

쌀 품평회와 반달

2005월 9일 25일

오곡리 작목반에 회원들이 바름이로 왔다. 길가의 풀을 깎는다. 1반에서

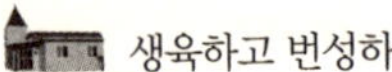 생육하고 번성하라 – 2부 –

깎아야 할 길인데 말이다. 다음 날 경수네 잔디밭에 현수막이 하나 걸렸다. 현수막에는 이런 글자가 쓰여 있다. "오곡리 작목반 쌀 품평회."

쌀 품평회는 처음으로 하는 듯하다. 쌀개방으로 농민들의 장래가 힘겹게 된 상태이다. 올해에 당진은 태풍의 피해가 없어서 풍작이다. 좋은 쌀을 생산하기 위해서 땀을 많이 흘렸다. 생산과 소비의 균형이 깨지지 말아야 하는데 안타깝게도 점점 균형이 깨어지고 있다. 해방 이후에 미군이 가지고 온 밀가루가 쌀을 이기고 있다.

해방군의 장군이 아니라 정복자의 장군으로 인천 상륙을 한 맥아더의 동상을 철거하자는 시민단체들의 함성이 우익 보수 단체들을 분노하게 만들었다. 텔레비전 토론에 나와서 서로 비난을 하고 이념 공세를 한다. 맥아더 동상 철거 문제와 쌀 개방 때문에 열리는 쌀 품평회는 밀접한 상관관계를 가지고 있다.

천안 상담연구소에 가는데 마을길이 사람들로 막혔다. 쌀 품평회에 나온 사람들이다. 오곡리 작목반 사람들보다는 군청과 면사무소에서 나온 공무원들이 더 많은 듯하다. 박재희 씨가 행사에 참석을 하라고 한다. 작목반 회원들에게 격려를 해주고 싶었지만 차 안에서 인사만 하고는 큰길로 나갔다. 행사정에 온 차량들이 길가에 길게 주차되어 있다. 행사상이라는 안내판을 보니 묘한 감정이 떠오른다. 무엇을 위한 행사인지 모르겠다.

저녁에 와보니 행사장은 썰렁하다. 사람들은 다 가버리고 아무도 없다. 적막한 분위기가 농촌의 분위기를 드러내 주고 있다. 개 짖는 소리만이 적막함을 몰아내 준다.

추석 보름달은 어느새 반달이 되었다. 저 반달에 소망을 담은 사람들만이 농촌의 이 적막함을 몰아낼 수가 있을 것이다.

교회 설립 예배

2005년 11월 27일

새곡교회 설립 예배를 드렸다. 5년 전부터 드리려고 했지만 하나님이 허락을 하지 않았다. 인간들이 땅에 대한 욕심을 가라앉히기를 하나님이 기다렸나 보다.

새문안교회에서는 아무런 연락이 없다. 순서를 맡은 노회 임원 목사님들과 북부시찰회 목회자들이 왔다. 서울 묘동교회와 온양 양문교회에서 왔다. 동리 분들이 오시지 않았다. 교회 행사에 오는 것을 부담스러워한다. 그래서 일일이 초청을 하지 않았다.

새곡교회 성도들이 많이 참석을 해서 고마웠다. 직장에 다니는 성도들인데 시간을 내었다. 그래서 예배 순서에 있는 서약을 잘할 수가 있었다. 좁은 예배당에 60여 명이 모여서 하나님께 영광을 돌렸다.

분당에서 오신 이혜영 권사님의 특송이 은혜로웠다. 풍선 아트로 장식한 글자가 십자가와 함께 분위기를 띄웠다. 사회를 본 안 목사님은 풍선의 개수를 세어 보더니 새곡교회의 소망이 400개의 풍선에 담겨 있다고 했다.

예배 후에 교회 마당에서 기념 촬영을 했다. 묘동교회 이 집사님은 사진작가이다. 점심을 주문한 청마루 식당으로 갔다. 전에 새곡교회에 다녔던 임 집사네 식당이다. 식사를 맛나게 준비를 했다. 안산의 동생이 해온 떡과 과일이 있어서 상이 더 풍성했다. 식사 후에 북부시찰회 목회자들과 함께 명산리에 있는 호산나교회에 갔다. 옆 동리의 교회이지만 오랜만에 가니 산속에서 길을 잃어서 전화를 하고서야 찾아갔다. 산속에 있는 교회는 언덕 위에 우뚝 서 있지만 이제는 비가 새는 초라한 교회가 되었다.

성도들이 노인들 열 명뿐인 교회는 사택이 없어서 외상으로 사택을 짓는다. 몇몇 목사님들이 작업복으로 갈아입고는 예배당에 페인트칠을 한다. 사택은 이제 지붕을 덮는다.

예수님이 와도 자립이 되지 않을 농촌 교회이다.

오곡리 반계

2005년 12월 25일

반장인 경수 아빠가 전화를 했다. 반계를 하는데 점심식사를 하러 빨리 오라고 한다. 산길로 갔다. 눈이 녹지를 않아서 발이 빠지지만 눈길을 걷는 느낌이 상쾌하다. 동리 분들이 거실에 가득 모였다. 거실 바닥에 신문지를 깔고는 찬그릇을 펼쳐 놓은 밥상 차림이다. 반계를 할 때면 항상 동태찌개를 끓인다.

바다에서 직접 캐온 강굴이 맛이 있다. 어저께 추운 겨울에 굴을 캐러 바다에 다녀오더니 굴을 캤나 보다. 이제 바다도 오염이 되어서 굴이 많이 나지 않는다고 한다.

식사를 하면서 요즘 관심사인 고로제철 건설 반대에 대한 이야기를 했다. 오곡리 지도자인 최 씨가 흥분을 하며 요즘 상황을 이야기했다. 현대철강과 동부철강에 다니는 반장과 이 씨가 환경오염에 대해서 이야기를 거들었다. 철판을 도금한 후에 염산에 가라앉은 녹 찌꺼기를 포장 위에 쌓아 놓고 있다고 한다. 염산과 녹물이 바다에 다 흘러 들어간단다.

며칠 전에는 화가 난 농민들이 군수실을 부숴 놓았다고 한다. 농민들을 만나 주지 않고 피하기만 하는 군수를 한나절 동안 잡아 놓아서 행사장 여러 곳에 참석을 하지 못하게 했다고 한다. 지금도 군민회관에서는 농성을 한다고 했다. 나도 참석을 해야 하는데 바쁘다는 핑계로 가지 못했다.

동리 분들이 조 씨네 문병을 간다고 하는데 나는 교회 아이들 성탄 축하 파티 때문에 가지 못하고 왔다. 아이들이 발표회 준비를 잘 하지 못했다. 눈이 많이 와서 연습할 시간이 없었다. 풍선 성탄 장식을 선생님들이 했다. 아이들에게 추억이 되는 성탄절이 되게 하기 위해서이다.

준태는 길이 얼어서 가지 못한다고 하니까 걸어서 왔다. 아이들에게 줄 선물 꾸러미도 포장해서 놓았다. 성탄절은 인간들에게 기쁜 날이다.

음지에서 양지로 나오는 천사들

2006년 2월 5일

충남 장애인 부모회 당진지부 개소식에 갔다. 나는 이 모임의 전문위원이다. 발달장애자 부모들이 만든 모임이다. 군청에서 공간을 마련해 주었다.

작년에 발달장애 아이들을 위한 치료놀이 프로그램을 한 적이 있다. 발달장애 아이들과 한 시간 동안 즐겁게 놀이를 한다는 것은 무척이나 어려운 일이다. 옆에서 엄마가 함께 해주어야 가능하다. 아이의 돌발적인 행동이나 어눌한 행동을 조절해 주는 엄마는 무쇠돌이와 같다.

부모회 사무실에 올라가는데 누가 바쁘게 뛰어 올라온다. 장애아 아들을 키우는 엄마이다. 아이의 감정 조절을 인내심을 가지고 조절해 주던 엄마이다. "아이와 같이 오지 않으세요?" 하고 물으니 할머니가 본다고 한다.

　행사 준비를 하느라 3층을 오르락내리락한다. 엘리베이터가 없는 건물이라서 아이들을 데리고 오기도 힘이 들것 같다. 아이들과 함께 놀이를 하고 물리치료를 할 수 있는 공간으로 만들 것이라고 한다.

　방명록에 이름을 기록하는데 한 엄마가 "사진 잘 나왔지요. 보셨어요?" 한다. 사진 전시물을 보니까 내가 아이들과 놀이하는 모습이 찍혀 있다. 아이들 웃는 모습이 천사같다. 천사들을 위한 치료놀이 프로그램을 개발해야 한다. 봄이 되면 새로운 프로그램으로 아이들과 함께 놀이를 하여야겠다.

　엄마들이 떡과 과일 등을 준비했다. 떡이 맛이 있다. 군청과 교육청 관계자들이 현판식을 했다. 여기까지 올 수 있도록 많은 사람들이 수고를 했다. 특히 구자만 회장님이 땀을 많이 흘렸다.

　발달장애아들이 이제 음지에서 양지로 나와서 생활을 했으면 좋겠다. 아직도 많은 발달 장애아들이 집에 갇혀 있다. 천사들이 집에 갇혀 있어서 거리에는 천사들이 잘 보이지 않나 보다. 차가운 칼바람이 분다. 그래도 봄은 오는지 햇볕이 따스하다.

그 집 농사는 항상 풍년이었다

2006년 3월 26일

수요일 밤에 현구 씨한테서 전화가 왔다. 웬일인지 술 취한 목소리가 아니다. 비석골 정류장에서 교통사고 난 일을 아느냐고 묻는다. 모른다고 하니까 저녁에 사고가 나서 농아인 오 씨가 크게 다쳤는데 죽은 것 같다고 한다.

　다음 날 새벽 마을 방송이 나온다. 오 씨가 사망해서 장례식장에 안치되었다고 한다. 불쌍한 마음이 든다. 농아인 부인이 더욱 불쌍해졌다. 오후에 장례식장에 갔다. 아들 둘이 서울에서 내려와 조문객을 맞는다. 부인은 눈물을 흘리면서 기진맥진한 상태이다. 며느리가 부축을 해서 옆방으로 갔다. 오곡리 아주머니들이 봉사를 하고 있다.

　사고 난 경위를 들었다. 오 씨는 마을회관에서 가는 봄나들이를 이번에는 가지 않겠다고 했단다. 봄나들이를 간 날에 사고를 당했다. 이상하게 이번에는 가지 않고서 형님 집 뒷산에 나뭇가지 치는 일을 했다고 한다. 일을 마치고 저녁에 중흥리 가게에 가서 막걸리 두 병을 사가지고 오다가 경운기를 발견하지 못한 트럭이 그만 들이받았다 한다. 아마도 과속을 했나 보다. 신작로에는 사고 상황 표시와 경운기 조각들이 길옆에 치워져 있다.

　사고 난 그 길 맞은편 부근에서 몇 년 전에는 남편의 경운기를 타고 가던 술 취한 오 씨 아내가 신작로에 떨어졌다. 남편은 부인이 경운기에서 떨어진지도 모르고 중흥리로 가고 있었다. 심방을 다녀오던 내가 그 모습을 목격했다. 급히 가서 보니 부인은 기절을 했다.

　차에 싣고서 당진 푸른병원 응급실로 갔다. 병원에 가니까 정신이 깨어났다. 오 씨가 나에게 고맙다고 손짓을 하면서 머리를 숙인다. 그러고는 호주머니에서 만 원을 꺼내더니 나에게 준다. 사양을 해도 소용이 없다. 음료수를 사먹으라는 시늉을 한다.

　두 부부는 금실이 좋기로 소문이 났다. 일도 아주 잘했다. 그 집 농사는 항상 풍년이었다. 올해 농사는 어떻게 하지.

드림 주식회사

2006년 4월 2일

김 장로님이 구입한 형광등을 이 집사님과 함께 예배당에 설치했다. 예배당이 훤해졌다. 밤에 불을 켜보니 너무나 밝아서 일부는 꺼야 될 것 같다. 천장에 하얀 십자가가 열 개나 생겼다. 우리 마음속에도 이처럼 밝고 환한 십자가가 한 개만이라도 늘 작동을 하고 있었으면 좋겠다.

이제 예배당 십자가 탑을 수리하여야 한다. 비만 오면 샌다. 주보를 작성하는데 소낙비가 내린다. 건물을 새롭게 하는 데는 시간이 오래 걸린다. 사람은 더 오래 걸린다. 그래서 예수님은 해마다 부활을 하는가 보다. 예수님이 부활을 해도 새로워지지 않는 사람들이 더 많다.

비가 오니 황사 먼지가 씻기어지겠다. 우리의 마음도 씻기어졌으면 좋겠다. 힘이 있는 자들이 새로워지면 나라가 좋아질 텐데 말이다. 작은 힘만 있어도 자기 욕심을 채우느라 나라 전체가 힘이 없어진다.

태안 해변에서 군사 훈련을 하는 미국의 탱크를 시민단체가 전쟁 연습을 그만두라며 막아섰다. 탱크 앞에서 피켓을 들고 구호를 외친다. 말은 힘이 있다. 정의의 말일수록 힘이 있다. 하나님은 말로 천지를 창조했다. 지금도 우리들의 말을 통해서 구원을 창조한다. 하나님의 나라와 그 의를 먼저 구하면 우리의 필요한 것을 풍성하게 축복해 준다고 했다.

지난주에 강원도에 있는 가나안농군학교 지도자교육원에 다녀왔다. 강의도 하고 강의도 들었다. 강원노회 미자립 농촌 교회 목회자들 연수였다. 글쟁이요 말쟁이인 이현주 목사님이 영성 생활에 대한 강의를 했다. 현수막에 쓰인 미자립 글자를 가리키면서 저 '미' 자를 뗄 수 있는 것은 돈이 아니라 자기 자신의 영성이라고 했다.

요즘 이 목사님은 드림 주식회사를 차렸다고 한다. 株式會社와 한문이 다르다. 主式會社이다. 주님의 방식으로 운영하는 회사이다. 먼저 주면 좋은 세상이 된다고 한다. 매일의 묵상집 책을 한 권 받았다.

물난리가 나다

2006년 7월 30일

물난리가 났다. 하루 종일 장대비가 내렸다. 폭우 피해가 올해는 강원도에만 일어나는 줄 알았는데 충남 당진에도 일어났다. 교회에 몇 번이고 가보았다. 우레탄으로 새는 곳을 방수해서 비가 새지는 않는다.

교회 뒤편의 둑도 괜찮다. 나무가 많아져서 둑이 무너지지 않는다. 7년 전에 폭우가 내려서 둑이 무너졌었다. 밭둑도 이상이 없어서 다행이다. 밭둑은 풀을 깎아야 한다. 넝쿨이 길까지 뻗어 나왔다.

동리 성도님들에게 전화를 했다. 농사를 짓는 분들의 논은 둑이 터지고 물에 잠겼다고 한다. 고추 농사도 망쳤다. 올해는 흉년이 될 것 같다. 값싼 농산물을 수입하면 된다고 생각하는 정치인들은 별로 신경을 쓰지 않겠지. 흉년이 되어서 먹을 게 없으면 어떻게 하느냐고 송 집사님은 걱정을 한다. 농사는 하늘 아래에 가장 큰 근본이라는 말이 생각난다.

복운리에 사는 성도에게 전화를 하니 그곳은 물이 바다에서 역류해 논에 바닷물이 들어왔단다. 그래서 걱정이란다. 그곳은 원래가 갯벌이었는데 논으로 만들어 농사를 짓고 있다.

중흥리에 가니 소방차들이 상가 지하실에서 물을 뽑아내고 있다. 산에서 내려온 물이 상가를 덮쳤다고 한다. 중흥리는 지대가 좀 낮다. 중흥리로 가는 신작로가 물에 잠겨서 한동안 차 운행을 하지 못했다고 한다.

농부들이 모두 논으로 달려 나와서 무너진 논둑을 바라보기만 한다. 벼농사를 마친 가을에나 포크레인으로 수리를 할 수가 있다고 한다. 장마가 끝나면 병충해가 기승을 부려서 농약을 뿌려야 한다. 농부들이 바쁘게 생겼다.

교회에서는 의료 봉사 활동을 하기로 했는데 걱정이다. 서울에 있는 보건교사들이 테이핑 요법으로 근육통과 관절염, 신경통 등을 치료해 주기로 했다. 마을을 다니면서 인사를 할 겸 홍보를 하여야겠다.

10년 만에 도배를 하다가

2006년 8월 13일

삼복더위에 우리 부부는 사택에 도배를 했다. 엄두가 나지 않아서 그동안 미루다가 사택을 지은 지 10년 만에 도배를 한다. 며칠을 했는데도 다 하지 못했다. 기존의 도배를 모두 뜯어내는 데도 시간이 많이 걸렸기 때문이다. 단단히 붙어 있어서 떨어지지가 않는다. '우리는 무엇에 단단히 달라붙어 있을까?' 하고 생각을 하게 된다. 많은 사람들이 권력과 돈에 단단히 달라붙어 있다.

얼마 전에 지하철 복권집 앞에서 중년의 두 남자가 이야기하는 것을 보았다. 복권 십여 장을 사가지고 이야기를 한다. 희망이 오직 복권에만 있다는 그들의 생각이 서글퍼진다. 대한민국은 희망 대신에 절망을 주는 국가인 듯도 하다.

도박 게임장이 온 동리에 화려하게 입성을 한 지가 꽤나 되었다. 도박에서 돈을 잃은 사람들이 생업을 포기하고 본전을 찾으려고 매달리고 있다고 한다. 하나님에게 단단히 붙어 있어야 되는데 사탄은 자꾸만 돈과 권력에 달라붙어 있으라고 꼬드긴다.

오랜만에 도배를 하려니 구석구석을 청소하게 된다. 그동안 쌓인 먼지가 많다. 먼지는 사람이 생활을 하는 데에 나쁜 영향을 준다. 그럼에도 우리들은 먼지 속에서 산다. 먼지는 버려야 할 것이다. 버리지 않고 그냥 가지고 있으면 병이 생긴다. 버려야 할 것을 버리지 못하는 사람들은 그것 때문에 고통을 당하게 된다.

예수님은 제자들에게 복음을 전하되 받아들이지 않는 집에서는 먼지까지 털어버리라고 했다. 복음을 거부하는 자들의 생각에 오염이 되지 않도록 당부한 것일 게다. 먼지를 털면서 내 마음속에 쌓인 먼지를 매일매일 털어야 할 텐데 하는 생각을 하기도 했다.

세상의 먼지는 하늘에 쌓이지 못한다. 우리는 하늘에 쌓아 둘 것들을 이루어야 한다. 우리들 가운데에서 말이다.

자폐 단계의 의사소통

2006년 9월 24일

밤에는 가을이고 낮에는 여름이다. 나무들도 계절에 혼란을 느끼나 보다.

 생육하고 번성하라 – 2부 –

어떤 나무는 여름이고 어떤 나무는 가을이다. 낙엽이 떨어져서 바람에 흩날린다. 교회 마당에 나뒹구는 낙엽들은 서로가 부딪치면서 이야기를 한다. 나도 그 이야기에 간섭을 한다.

빗자루를 들고서 쓸면 그냥 놔두라고 시멘트에 달라붙는다. 바스락 소리를 내는 낙엽이 땅에 떨어질 때까지 수많은 과정을 경험한다. 그 과정을 이야기로 풀려면 금방 불에 태워지기가 아쉽기만 할 것이다. 모든 생명은 이야기할 것이 많다.

초등학교 특수반 아이들에게 미술치료를 하면서 이야기를 만들게 한다. 그림을 그리고 그 그림을 보면서 이야기를 만들어내는 모습을 보면 아이의 정서와 능력을 알게 된다. 내가 이야기를 더 풍요롭게 해주면 아이들은 좋아한다. 자기 이야기를 알아듣지 못해서 화가 난 자폐아는 소리를 지른다. 자기 손으로 얼굴을 때리면서 운다. 나를 물으려고 달려든다. 어제 팔을 물려서 치료를 받은 여자 아이가 매직펜을 갖다 주니까 울음을 멈추고 다시 그림을 그리기 시작한다.

고등학교에 다니는 아들이 아버지에게 문자를 보냈다고 한다. "차를 폐차시키세요." 14년을 탄 낡은 차를 운전하고 다니는 아버지가 이해가 되지 않을 뿐 아니라 자신은 그 차를 타기가 창피하다고 했단다.

그날 밤 아들을 학원에서 데려오면서 아버지는 이 차를 운전하는 것이 아무런 불편이 없다고 했단다. 차에 대한 자신의 철학을 이야기했다고 한다. 아들은 그 말을 어떻게 받아들였을까? 아버지의 철학을 인정했을까? 아니면 자기 철학에 갇히어 사는 자폐성 아버지로 인식했을까?

자폐 단계에 머물러서 의사소통을 잘 하지 못하는 우리의 세상을 본다. 아버지에게 좋은 차를 타고 상담실에 오시길 기대한다고 말해 주었다.

강대상에 올라온 배추

2006년 11월 19일

아침에 송 집사님네에 갔다. 추수감사절에 장식할 야채와 과일, 그리고 쌀을 주신다. 감은 홍시이다. 어저께 송 집사님은 어깨가 아프다면서 병원에 가셨다. 침을 맞고 물리치료를 받고 나니 가벼워졌다고 한다. 간호원들에게도 홍시를 여러 개 가져다 주었다고 한다. 가을추수는 나눔으로 더욱 풍요로워진다.

김장 배추를 심은 농부들은 울상이다. 산지에서 한 아름이 되는 배추 한 포기가 100원이라고 한다. 당진군청에서는 김장 더 담그기 홍보를 한다. 중국 김치 때문에 소비가 되지 않는다고 한다. 경쟁보다는 생명 가꿈에 더욱 친밀한 농부들은 한숨을 쉰다. 농부의 한숨을 머금은 배추이지만 강대상에 올라앉아서 미소를 머금고 있다. 집사님과 권사님이 강대상 장식을 했다. 올해의 추수감사절은 차분해진다. 세상은 온통 소란스럽고 들떠 있는데 농촌은 한숨만 내뿜고 있다.

차를 고치러 카센터에 갔다. 동리 농부들을 만나서 이야기를 했다. 농사 이야기, 경제 이야기, 대통령 이야기를 한다. 요즘 사람들은 다 빚으로 먹고 산다고 한다. 농촌도 예외가 아니다. 부동산 정책에 대해서 이런저런 이야기를 한다. 열린우리당은 재수가 없다고 한다. 한나라당 후보가 대통령이 되면 좀 나아질까 하는 기대감을 잔뜩 가지고 있다. 국민들은 정치에 속으면서도 기대를 한다. 어떤 농부는 트럭에다가 FTA협정 반대라는 현수막을 달고 다닌다.

오늘 결혼식을 하는 오곡리 잔칫집에 가자고 하면서 함께 일어났다. 야

외 결혼식은 하객이 무척 많았다. 집을 목조 건물로 새로 짓고서 아들을 결혼시킨다. 집 앞 논에서 결혼식을 한다. 추수를 한 논에 볏짚을 바닥에 깔았다. 훌륭한 결혼식장이 되었고 주차장이 되었다. 서울에서 온 이동식 뷔페는 28,000원짜리라고 한다. 동리 잔치는 풍성했다.

산타 택배원

2006년 12월 24일

밤 9시가 넘었는데 택배 아저씨가 왔다. 마리아 씨가 보낸 떡이다. 밤늦게까지 배달을 하느라 수고가 많다고 인사를 했다. 반갑게 인사를 하면서 자신도 청주에서 신앙생활을 한다고 한다. 당진에 파견 근무를 하는 중이라고 한다.

교회에 택배를 배달할 때는 교회에서 기도를 한다고 한다. 성탄 트리를 하지 않았느냐며 아쉽다고 한다. 전에는 밖에 트리를 했는데 형편상 하지 못하고 있다고 하니까 농촌 교회에 대해서 어려움을 동감한다.

자신은 인쇄업을 하다가 IMF 때에 문을 닫고 교회 관리인으로 10년 동안 봉사를 했단다. 예배당을 건축하느라 고생을 많이 했다고 한다. 이제 남은 것이 자동차 한 대뿐이라며 택배 일을 열심히 하면서 기쁨으로 생활을 한다고 한다. 요즘은 주의 종이 되기 위해서 신학을 하고 싶다는 기도를 한단다. 아주 순진하고 순수한 신앙의 열정이 있는 안수집사님이다. 그는 기쁨을 배달해 주는 산타 같다.

택배원은 헌금을 하고 싶다면서 계좌번호를 적어 달라고 한다. 괜찮다고 해도 자꾸만 적어 달라고 해서 새곡이야기 책에다가 적어 주었다. 교회 개척을 하면서 쓴 목회 단상을 읽다 보면 아마도 목사가 될 것을 포기할지도 모르겠다.

요즘 한국 사회에서 목사라는 직업은 자랑할 것이 되지 못한다. 서울의 야경을 비행기로 본 외국인이 저 십자가가 무엇이냐고 물으면서 기독교 국가냐고 물었다고 한다. 한국 사회는 기독교 정신은 쇠퇴하고 교회 숫자만 늘어가고 있다. 교회의 십자가를 밝히는 것이 부끄럽고 성탄절을 화려하게 지키는 것도 죄책감이 든다.

새곡교회는 십자가 불도 고장이 나서 켜지 않고 성탄 트리의 반짝이는 전구 빛도 없어서 어둡기만 하다. 컴컴한 교회를 보면서 택배원은 마음이 아팠나 보다. 예수님은 너무나 화려한 한국 교회를 보고 마음이 아플 것 같다.

새곡교회의 좌절과 하나님 나라

(2007. 1. 14 ~ 2009. 2. 8)

바이러스의 공격

2007년 1월 14일

오곡리 한 가정을 방문했다. 서울에서 환자분이 고향에 와서 요양을 하고 있으니 심방을 가달라는 부탁을 받았다. 환자의 형님과 어머님이 나오신다. 환자는 방에서 간신히 일어나서 이야기를 한다. 수술 자리는 시커멓게 죽었다. 목과 뒷머리에는 종양이 퍼져서 뚱뚱 부었다. 의사들이 치료 가능성이 없다고 했단다.

환자는 50대 남자이다. 오히려 수술을 해서 더 악화가 되었다면서 의사들을 욕하였다. 너무나 억울한가 보다. 군대에서 세례를 받았는데 신앙생활을 하지는 않았다면서 나보고 올 필요가 없다고 했다.

늙은 어머니는 눈물을 흘리면서 한숨만 쉰다. 가족들과 오래전부터 떨어져 살고 있어서 간호를 해줄 사람도 없다고 한다. 마지막으로 갈 곳은 고향이고 어머니인가 보다. 한참을 이야기하였다.

기도를 해달라고 한다. 앙상해진 손을 붙잡고 기도를 했다. 다음에 다시 오겠다고 하고는 나왔다. 어머니가 밖에까지 나와서 고맙다고 한다. 며칠 후에 소식을 늘으니 병원에 입원을 했다고 한다. 병원에 가서 기도를 해주어야겠다. 사람들은 병이라는 것, 그러니까 아주 미세한 바이러스에 의해서 고통을 당한다. 그리고 죽임을 당한다.

요즘 천안을 가다 보면 자동차 방역을 한다. 조류 인플루엔자 때문이다. 아주 작은 바이러스가 인간을 공격하는 것이다. 만물의 영장이라고 으스대던 인간들이 죽어 가고 있다. 바이러스는 오염된 환경 속에서 탄생한다.

당진 환경운동연합회에서 홍보 책자가 왔다. 2006년도 소식들이다. 당진군은 환경을 오염시키는 공장들이 계속 입주되고 있다. 지방자치의 운영은 수익 위주이다. 기업형 운영이 모든 분야에서 적용이 되고 있다. 공공기관, 학교, 종교단체까지 기업형 운영이 강요되고 있다. 우리나라는 온통 기업 시스템이 지배하고 있다.

주님의 아름다운 교회

2007년 2월 18일

새문안교회 선교부에서 새곡교회를 방문하겠다고 연락이 왔다. 토요일 12시에 선교부 장로님과 집사님들 여덟 명이 왔다.

10년 전에 선교부에서 새곡교회를 개척했다. 성도가 기증한 대지 1400평에 개척을 한다고 해서 내가 지원을 했었다. 그런데 5년 전 이곳이 농촌지역이라서 교회 성장에 전망이 없으니 교회를 폐쇄하고 다른 용도로 쓰겠다면서 나에게 교회 임지를 다른 곳으로 옮기라고 했다. 노회 임원들과 합의가 되었다고 했다.

내가 그럴 수 없다고 항의를 하자 선교비를 중단했다. 생활이 어려우면 그만둘 것이라는 속셈이었다. 정식으로 교회 설립을 하지 못했고 기도처로 되어 있기 때문에 일방적으로 교회를 폐쇄할 수가 있다는 논리였다. 새곡교회 성도들과 함께 강력하게 항의를 하자 교회를 폐쇄하지 않고 나만 나가면 된다고 하면서 꼬리를 감추었다.

노회 유지재단과 새문안교회가 무상임대차 계약을 했기에 교회 설립을 신청해서 노회에서 허락을 받았음에도 노회 임원들이 설립예배를 드려 주지 않았었다. 새문안교회와 노회가 갈등을 일으킬 수 없으니까 나보고 교회를 사임하라는 노회 임원들이었다. 몇 년 후에 노회에서 다시 새곡교회 설립예배를 드려야 한다고 허락을 했다. 결국 작년 봄에 교회 설립예배를 드렸다. 이제 새곡교회는 정식 교회가 되었다.

교회법에 따르면 교회를 개척하면 부동산을 노회 유지재단에 이관을 하여야 한다. 그런데 새문안교회는 이곳 땅에 욕심을 내면서 10년 동안 등기 이전을 하지 않다가 다시 나보고 나가라고 한다. 교회가 부흥되지 않았으니 나가라고 한다. 이곳 부동산은 새문안교회 것이니까 법적으로 하겠다면서 통보를 하고 돌아갔다.

교회는 일반 사회단체가 아니다. 한국 교회는 기업의 자본주의 가치관과 기복 신앙의 샤머니즘으로 변질이 되었다. 아름다운 주님의 교회를 이룰 수는 없을까?

생과 사

2007년 3월 11일

봄이 왔나 했더니 다시 겨울이 되었다. 요즘 농민들은 여러 가지로 심난해한다. 고추 모종을 심은 집들은 모종이 냉해를 입을까 봐 걱정을 한다. 고추 종자 값도 많이 올랐다고 한다. 외국 기업이 종자를 독점하고 있다. 이제 미국과 무역협정이 체결되면 모든 분야가 개방된다. 삼성 회장 이건희 씨는 4~5년 후에 한국 경제가 위기를 당할 수 있다고 경고했다. 자꾸만 어려워지는데 올해 황사는 더 많이 몰려온다고 한다. 사순절이라서 더 침울

해지는 듯하다.

송 집사네서 구역예배를 마치고 하우스로 가서 고추 모종을 보았다. 포토에서 자라는 고추가 너무나 귀엽다. 생명이 자라는 모습은 아름답다. 생기가 넘치기 때문이다. 사람들도 생기가 넘치는 봄이 되었으면 좋겠다.

사람들에게 생기를 주는 사람이 있고 생기를 억압하는 사람들도 있다. 대통령이 되고 싶은 사람들이 우리들에게 생기를 불어넣어 주겠다고 벌써 공약 발언을 한다. 이들의 말을 신뢰하는 사람들은 소수인 듯하다. 신문을 보아도 텔레비전을 보아도 생기가 살아나지 않는다. 자연을 보니 생기가 그나마 살아난다. 꽃밭에 화초들이 파랗게 돋아나고 있다.

자연은 생명을 살리기도 하고 죽이기도 한다. 생명은 살려고 하다가 죽는다. 아니 죽음으로 산다. 오늘 하루를 살았다고 말들 한다. 그 말은 오늘 하루를 죽었다라는 의미이기도 하다. 죽음은 삶의 반대말이 아니라 비슷한 말이다. 죽음과 삶은 손의 안과 밖이기 때문이다. 그래서 죽음의 본능이 역사를, 인간을 진화시켜 왔다.

그러나 예수의 죽음은 단순한 진화가 아니라 생명의 혁명으로 구원을 이루었다. 지금 우리는 예수의 죽음을 체험할 때이다. 그러면 생명의 생기를 얻게 될 것이다. 자살의 충동 때문에 정신과 약을 먹고 있는 여대생을 상담했다. 그에게 생기를 주었다.

"Let it be! 내버려둬!"

2007년 5월 27일

당진군 청소년 문화축제를 시작했다. 내가 맡은 봉사는 거리 상담이다. 주제별 자기 테스트를 해석해 주는 일이다. 노는 토요일이라 청소년들이 아침부터 왔다. 농구장에서는 농구 시합이 열렸다. 이번에는 상금이 많다. 그래서인지 청소년들이 열심히 경기를 한다.

자원봉사자 학생들과 어른들이 곳곳에서 바쁘다. 날씨는 좋은데 바람이 불어서 테스트 용지와 설문 패널을 고정시켰다. 기웃거리는 학생들에게 기념품을 준다면서 테스트를 하라고 호객 행위를 했다. 친구 서너 명씩 테스트를 한다. 나의 해석에 고개를 끄덕인다.

합덕고등학교 1학년 여학생들이 진지하게 귀를 기울인다. 공부와 진로 문제로 스트레스를 받는다고 한다. 자기 진로에 대한 확신이 강해서 대견스러웠다. 내가 진로와 공부 방법에 대해서 열강을 하니까 오늘 여기 오기를 잘했다고 한다. 청소년 지원센터 소식지에 나온 나의 글과 사진을 보면서 '사진발'이 좋다고 한다.

학생들은 역시 생동감이 있고 순수하다. 시간이 갈수록 운동경기 소리, 응원 소리, 진행 팀의 마이크 소리로 당진장이 열린 듯하다. 자꾸만 나의 목소리가 커져서 목이 칼칼해진다.

오늘 나를 찾아오겠다던 어머니 한 분이 고등학생 아들과 함께 왔다. 주변이 시끄러워서 진지한 상담을 할 수가 없다. 청소년 센터에 가서 상담을 계속했다. 아들이 대학을 일본 대학으로 가겠다면서 수능을 포기하겠다고 한다. 이 말을 처음 들은 엄마는 충격으로 아들의 강박 관념에 대한 상담보다는 진로 상담을 원했다. 길 저편에서는 청소년들이 신나게 논다. 세상과 통하지 않아서 답답해 하는 청소년들이 소리를 지른다. 내 앞에 앉아 있는 학생도 자기 심층 내면에 소리를 지른다.

"나를 내버려둬! 내 멋대로 살고 싶어!"

그리고 이 외침은 강박증으로 다시 세상으로 퍼진다.

농부와 새

2007년 6월 10일

서 씨 아저씨가 교회 앞밭에 풀을 매다가 그만두었다. 밭에 풀이 무성한데 왜 매다가 마느냐고 하니까 풀 속에 꿩 새끼들이 있다고 한다. 꿩이 둥지를 틀고는 새끼를 낳은 것이다. 새끼들이 날아갈 때까지 그냥 내버려두어야 겠다고 한다.

아직도 밭에는 풀이 무성한 채로 있다. 지금쯤은 새끼 꿩들이 날아가버 렸을 것이다. 또한 교회 마당에 있는 소나무 아래 블록 의자 밑에서는 새 새끼 소리가 난다. 해마다 블록 구멍 속에다가 새가 새끼를 낳기 때문이다. 그래서 사람들이 블록 위 돌판에 앉으면 어미 새가 벌레를 물고 와서는 우 리보고 비키라고 야단법석이다.

어제는 새끼들이 무얼 하나 블록 구멍을 들여다보니 아무것도 없다. 벌 써 성장해서 날아가버렸나 보다. 그래서인지 요즘 교회 주변에는 새들이 엄청나게 많아졌다.

올해에도 앵두나무에 앵두가 많이 열렸다. 해가 뜨기도 전부터 새들이 몰려온다. 앵두를 쪼아 먹느라 시끄럽다. 자기들끼리 무슨 의사소통을 하는지 지저귀는 소리로 잠을 잘 수가 없다. 주변에는 온통 앵두 씨뿐이다. 그렇게 앵두나무를 초토화시키더니 이제는 뽕나무 오디를 초토화시키는 중이다. 나도 합세해서 오디를 따먹었다. 그런데 뽕나무가 커져서 초토화되려면 시간이 더 걸릴 것이다.

교회는 새들의 터전이 되었다. 새는 영혼의 자유를 상징한다. 천하보다도 더 귀한 영혼들이 교회 주변에서 노래를 하는 듯하다. 십자가 위에 있는 피뢰침 꼭대기에서 이름 모를 큰 새가 무어라고 소리를 낸다.

사람이 자연 생태에 순응을 한다. 자연이 사람에게 순응을 한 적은 없다. 그런데도 사람들은 자연을 정복했다는 자만심으로 자연에게 순응을 강요하고 있다.

오늘 아침 뉴스를 보니 갑자기 쏟아진 우박으로 과수가 다 떨어졌다면서 농부가 울상이다. 제발 그만 내리라고 울면서 하늘을 쳐다보며 애원을 했다는데…….

과거와 현재의 상실

2007년 8월 5일

서울로 병문안을 가기 위해 아침부터 서둘렀다. 그런데 천둥 번개가 치더니 소나기가 퍼붓는다. 이쪽에 호우주의보가 내렸다고 한다. 걱정을 하는데 전기가 나갔다. 아무래도 서울에 못 갈 것 같아서 송 집사님에게 전화를 해 월요일에 가자고 했다. 긴장을 풀고는 설교 준비를 하는데 전화가 왔다.

월요일에는 경로당 모임이 있어서 안 된다고 한다. 갈 수 있는 시간이 오늘 뿐이다.

다시 준비를 하고는 송 집사네로 갔다. 동리 분들이 아홉 명이나 가신다고 한다. 다시 오늘 가야 한다고 논에 가서 물꼬를 보는 사람, 마실을 간 사람들을 찾아서 10시 30분이 되어서 출발했다.

다행히 비가 그쳤다. 하지만 서해안 고속도로는 서해대교를 건너자마자 막힌다. 여기서부터 차가 막히면 큰일이다, 걱정을 하는데 조금씩 풀린다. 뒤에서 경로당 회장님이 목사님하고 가니까 길이 뚫린다고 한다. 고속도로를 나오니 폭우가 쏟아지기 시작한다. 갑자기 퍼붓는 게 폭포 같다. 앞이 보이지가 않아서 운전을 하지 못할 정도이다. 너무나 긴장을 해서 목과 어깨가 아프다.

대림동 성심병원에 도착을 했다. 오곡리 3반의 이선희 아저씨가 침대에 누워 계신다. 우리를 보고는 웃으며 반긴다. 안부를 나누면서 이야기를 했다. 그런데 좀 이상해서 내가 재차 내가 누구인지 아느냐고 물으니까 중흥리에서 왔다고 한다. 옆집 사람들도 알아보지 못한다. 얼굴은 아는데 이름을 기억하지 못한다.

아저씨는 한 달 전에 교회 입구에서 오토바이를 타고 가다가 교통사고를 당했다. 한쪽 팔도 마비가 되었다. 아들네에 갔던 부인이 급히 돌아왔다. 누구냐고 하니까 웃으면서 마누라라고 한다. 그런데 조금 있다가 부인에게 누구냐고 묻는다. 우리가 간다고 하니까 자기도 데려가라고 한다.

우리도 그 아저씨처럼 과거와 현재의 일부분을 상실하고 사는 것 같았다.

유전무죄 무전유죄

2007년 9월 9일

당진군 사회복지 단체 주관으로 '당진사랑 마음나누기' 축제가 열렸다. 당진 종합체육관에서 열린 행사에 청소년 지원센터도 참여를 해서 일찍 가려고 했다.

사택 보일러가 고장이 나서 교체 작업을 하고 가려고 서둘렀는데 잘 되지 않는다. 나 혼자서 작업을 하다가 결국에 이 집사님을 불렀다. 연결 파이프들이 오래되어서 한 곳을 고치면 다른 곳이 샌다. 철물점을 왔다 갔다 하면서 작업을 했다.

마무리를 이 집사님에게 맡기고는 행사장에 갔다. 단체의 장기자랑이 펼쳐지고 있다. 자원봉사자들이 단복을 입고 여기저기에서 봉사 활동을 한다. 나를 보고 인사를 하는 사람들은 봉사 활동을 하는 사람들이다. 현대 철강 임원들 중에도 자원봉사를 하러 나온 사람들이 많다고 한다. 이제 대기업에서는 봉사 점수가 많아야 승진에 유리하다고 한다.

당진 장애인후원회 회장님을 만나서 이야기를 했다. 아침 행사에 정몽구 회장이 나와 인사를 하면서 당신군 상애인 복지관을 짓는 데 200억을 기증하기로 했다고 한다. 뉴스에 보니 정 회장은 회사 공금 횡령혐의로 재판을 받았는데 사회봉사 명령을 받았다고 한다. 시설에 가서 청소하는 봉사가 아니라 단체에 가서 강연을 하는 봉사란다.

강연도 사회봉사에 해당되느냐, 안 되느냐로 말이 많다. 역시 '유전무죄 무전유죄'라는 말이 현실이다. 몇백 억을 횡령했는데 강연하면 죗값이 탕감된다고 하니 한국적 헌법이다. 이러한 법치국가에서 청와대는 이명박 후보에게 명예훼손죄로 고소를 했다고 하니 우습기도 하다. 죗값과 봉사의 함수관계는 어떠한 공식이 성립할까?

예수님은 인간의 죗값을 탕감하려고 이 땅에서 강연 봉사만 하지는 아니했다. 십자가 죽음을 온몸으로 담당하였다. 온몸으로 세상의 죄를 담당하는 사람들이, 교회가 절실한 때다.

국화꽃과의 소통

2007년 10월 21일

국화꽃이 아름답다. 아름다움을 어떻게 표현해야 할지 모르겠다. 인간의 표현에는 아랑곳하지 않고서 국화꽃은 자태를 드러낸다. 가을에는 국화꽃을 본다. 꿋꿋하게 자태를 드러내는 꽃들을 보면 부끄러워진다. 나는 저 꽃들처럼 자존감이 높지 못하기 때문이다. 있는 그대로를 드러내는 꽃들에게서 거룩함을 느낀다.

자연에는 거룩함이 있다. 그 거룩함 속에는 평화, 온전함, 사랑, 만족, 창조, 지혜, 성실함, 기쁨, 진보가 있다. 내 안에는 거룩함이 어느 정도 있을까? 자기가 있는 그 자리가 전혀 어색하지 않고, 그 자리에 있음으로 아름다운 자연을 보면서 나의 자리를 본다.

내가 있음으로 아름다운가? 바람에 굴러가는 낙엽도 소리를 내면서 노래를 한다. 자연은 늘 살아 있다. 아름다움으로, 소리로, 거룩함을 이루어간다. 그 자연의 일부가 되고 싶다. 자연인이 되고 싶다. 가을에는 더욱 그렇다.

밤에 운전을 할 때에 히터를 켜야 했다. 이제는 겨울이 오나 보다. 겨울

준비를 해야 하는데 엄두가 나지 않는다. 교회 주변 곳곳이 나의 손길을 필요로 한다. 그냥 보기만 하고 있다. 소통은 보면서 시작된다. 모양도 보고, 그 속도 본다. 나도 대상에게 보여준다. 겉모습만이 아니라 내 속도 보여준다.

나는 자연과 소통을 하고, 사람들과도 소통을 한다. 소통이 이루어지는 곳은 아름답다. 하나님 나라는 소통이 이루어지는 곳에서 이루어진다. 말씀은 소통이다. 창조는 소통이 있음으로 이루어졌다. 가을은, 계절은 소통을 있게 한다.

자연과 소통을 하다 보면 인간과도 소통을 하게 된다. 그런데 사람들은 자연과 소통을 하지 않고 인간만의 소통을 하려고 한다.

또래들과의 소통에 실패한 여중학생이 학교를 가지 않겠다고 한단다. 엄마는 애가 타서 전화를 했다. 그 아이에게 국화꽃을 주고 싶다.

하나님과 재판하는 세상

2007년 12월 30일

26일 오후 4시에 서산지방법원에 도착을 했다. 새문안교회 장로님 변호사와 장로님들 몇 분이 재판을 기다리고 있다. 인사를 하고는 재판실에 들어갔다. 한국 교회의 어머니 교회라고 자부하는 새문안교회는 교인이 기증한 땅에 개척한 새곡교회를 내쫓고 그 땅을 자기들이 쓰겠다고 한다.

12년 전 새문안교회는 교회가 없는 당진의 농촌 마을인 오곡리에 교회를 개척했다며 추수감사헌금 기도 때 교인들에게 축하할 일이라며 홍보를

했다. 그런데 이제 와서 그 땅을 쓰겠다면서 소송을 하니 이것은 하나님한
테 사기를 치는 행위이다.

젊은 판사는 고소장을 일일이 확인하였고 우리 측 변호사한테 답변서를
확인하였다. 충남노회 유지재단과 맺은 계약서를 가지고 판사가 질문을
하자 새문안 측 변호사이면서 선교부 부장 장로님은 억지를 부린다. 내가
교회법을 들어서 반론을 하자 판사는 자신이 교회법을 모르니까 교회법에
대한 자료를 제출하라고 하면서 다음 공판을 2월 29일에 한다고 한다. 그
리고 자신은 인사이동 때문에 이 재판을 다른 분이 맡게 될 것이라고 한다.

10분 만에 끝난 재판은 피고에게 변론을 할 수 있는 시간도 주지 않는다.
피고석에 나 대신 하나님이 계셔야 하는데 하는 생각이 들었다. 하나님과
재판을 하는 한국 교회 어머니의 정체가 무엇일까? 원고석에는 변호사가
있기보다는 원고 측 교회 대표인 이수영 목사님이 앉아 있어야 하지 않을
까? 다음번 재판에서는 이 목사님과 함께 재판을 받고 싶다.

원고는 장신대를 다닐 때에 나의 은사이시다. 선생님이 제자를 고소하
는 슬픈 일이 한국 교회에서 일어나고 있다. 선지동산인 장신대에서 교수
님들에게 들은 강의 내용들이 생각난다. 하나님의 주권, 하나님 나라의 통
치, 예수 그리스도, 성령의 역사, 칼뱅의 교회론 등등.

한국 교회 어머니가 하나님과 재판을 하다니 정신 건강에 문제가 있다.
더 늦기 전에 치료를 받아야 되지 않을까?

새곡교회의 죽음과 부활

2008년 1월 27일

자연은 변화를 한다. 사람도 역시 변화를 한다. 그래서 역사도 변화를 한다. 지금 우리나라는 변화를 겪고 있다. 특히 세계경제의 변화가 크다. 세계는 신자유주의 경제가 진행되고 있다. 학자들은 신자유주의 경제의 모순이 나타나고 있다고 한다. 그 출발점은 미국이다. 가장 혜택을 많이 본 미국이 이제 제일 먼저 경제 모순에 의해서 흔들리고 있다.

이제 미국은 자국의 경제를 살리기 위해서 제3세계의 나라들에게 고통을 떠넘길 것이다. 단순히 떠넘기기보다는 희생을 강요할 것이 뻔하다. 그 희생양 중에 하나가 우리나라이다.

주식이 폭락하는 검은 화요일이 지나가면서 많은 사람들의 마음이 검게 타버렸다. 경제가 좋아질 것을 기대하고서 정권 교체를 했는데 벌써부터 불길한 징조가 드러나기 시작하니 난감하기만 하다.

대통령 당선자인 이명박 씨는 재벌 중심의 정치를 하겠다고 한다. 한국의 제일 재벌인 삼성의 실체가 조금씩 드러난다. 삼성은 거대한 악마의 모습을 하고 있다. 그 악마에게 5천만의 운명이 달려 있다. 이는 참으로 슬픈 일이고 비극이다.

강자에 의한 약자의 고통은 자연의 순리가 아니다. 하나님 나라의 순리도 아니다. 그런데 종교에서도 그것이 순리인 것처럼 믿는다. 그래서 종교 지도자들은 힘을 갖기 위해서 권력과 결탁한다. 그중에 한 사람이 김진홍 목사이다. 청계천 빈민 선교를 한 것 가지고 평생을 우려먹다가 이제는 권력을 갖겠다고 한다.

신학대학원에 다닐 때에 김진홍 목사와 연관된 삶을 산 적이 있다. 나는 그때에 그가 원하는 것이 힘과 권력이라는 것을 알 수가 있었다. 그런데 예수는 그 힘과 권력에 의해서 십자가에 죽었다. 그리고 부활을 했다.

새곡교회도 지금 새문안교회의 힘과 권력에 의해서 죽어 가고 있다. 부활을 할지는 아직 모른다.

숭례문과 새곡교회 이정표

2008년 2월 17일

내가 처음 서울에 왔을 때는 서울역에 도착을 했다. 초등학교 3학년 어린이에게는 서울역 광장이 무척이나 넓었다. 서울을 처음 본 나는 자동차가 신기하고 무섭기도 했다.

을지로 국도극장에 가기 위해 버스정류소에 가서 본 큰 건물이 남대문이었다. 저 남대문에서는 사람이 살까? 하고 의문을 하기도 했다. 그 남대문 그러니까 숭례문이 허무하게도 무너져버렸다. 화염에 쌓여 무너지는 모습을 텔레비전으로 보니까 한숨이 나온다. 서해바다 기름 유출 재앙보다도 더 큰 사건이다.

국보 1호인 숭례문은 조선 500년의 역사가 있고, 한민족의 한을 간직하고 있다. 한 노인의 분노 때문에, 반사회성 인격 장애의 정신 병리를 앓고 있는 한 노인 때문에 민족의 마음에 한이 쌓였다.

한양에 들어오려면 예禮를 섬겨야 한다는 숭례문이 이제 우리에게는 아무런 의미도 주지 못하고 있기에 무너져버렸는지도 모른다. 서울에 진입하려면 예를 버리고 오직 경쟁만을 하여야 한다는 신자유주의와 실용주의의 인간들의 욕망 속에는 이미 숭례문이 무너져버렸을 것이다.

서울의 진입 첫 관문인 숭례문이 이제 새로운 이정표로 자리매김을 하여야 하듯이 새곡교회의 이정표도 새롭게 자리매김을 하여야 한다. 새곡교회 입구에 설치된 이정표는 6개월 이상 찌그러진 채 방치되어 있었다. 코너에 세워져 있는 이 이정표는 전에 자동차가 박아버려서 기둥이 꺾인 채로 쓰러질 듯 간신히 버티고 있다. 마치 요즘 새곡교회의 모습을 그대로 보여주는 이정표 같다.

강자인 새문안교회 장로들이 새곡교회를 없애고 수양관을 짓겠다면서 나에게 압력을 행사한 지가 7년이 되었다. 새곡교회는 7년 동안 쓰러질 듯 하면서도 쓰러지지 않고 버티고 있다. 2월 29일에 두 번째 재판을 받는다. 김 장로님이 이정표가 보기에 좋지 않다면서 간판 집에 주문을 해서 새롭게, 튼튼하게, 높게 세웠다. 새곡교회처럼 말이다.

교회의 존재 근거

2008년 3월 2일

노회에서 새곡교회 문제 대책위원회가 열린다고 오라고 한다. 회의를 시작했다. 노회장님이 대책위원회에 대한 설명을 하고, 내가 새문안교회가 새곡교회에 민사소송을 한 배경을 설명했다. 새문안교회가 처음부터 교회 부지를 노회에 이전하지 않으려고 하였고, 그 본색을 결국은 드러내는 것임을 설명했다.

새곡교회의 존립 근거는 교회법에 따라 노회에 있다. 때문에 새문안교회가 새곡교회 이전을 요구하려면 노회에 하여야 한다. 그럼에도 노회와는 대화를 거부하고 새곡교회에 민사소송을 한 것은 교회 목회자를 내보내서 힘이 없는 농촌 교회를 폐쇄하려는 속셈이다. 그 속셈을 알기에 나는 7년 동안 맞서 싸웠다.

내가 맞설 때에 노회는 내가 새문안교회 장로들과 인간관계를 잘못해서 그러니 책임을 지고 교회를 떠나라고 압력을 가했다. 노회 임원들이나 유지재단에서는 노회가 새문안교회에 법적 대응을 할 수가 없으니 목사가 새문안교회에 사정을 해 이사비용을 얼마라도 챙겨서 이전하기를 바란다.

힘이 없는 사람은 힘이 있는 사람과 맞서 봤자 소용이 없다는 힘의 논리만이 교회에서도 기승을 부린다. 법도 강자의 편이니 어쩔 수가 없지 않느냐고 한다. 대책위원회에서 전화가 왔다. 이번 수요일에 교인들과 회의를 하려고 하니 교인들에게 광고를 하라고 한다.

교회의 존재 근거는 힘이 아니기에 새곡교회는 그 자리에 그냥 있는 것이다. 이제 한국 교회는 힘에 의존하는 것에서 탈피하여야 한다. 성숙한 시대의 교회는 건물에 갇혀 있는 것이 아니라 신앙 고백의 나눔이 이루어지는 관계 속에서 존재해야 한다. 새곡교회는 성숙한 시대의 하나님 나라를 이루어 가는 교회로 성숙해야 한다.

나는 이번 재판이 어떻게 내려진다고 해도 그대로 수용할 것이다. 교회는 우리의 신앙 고백 가운데에 존재하기 때문이다.

솔로몬의 재판과 가짜 어머니

2008년 3월 30일

교회 재판일이 되었다. 충남노회 유지재단에서는 재판에 관여하지 않으려고 한다. 증인 부탁을 하느라 유지재단에 전화를 여러 번 했다. 서산법원에 갔다. 판사님이 바뀌었다. 여러 가지 검증을 하고는 양측의 변호사에게 증인 심문을 하라고 한다.

먼저 새문안교회에서 세운 증인은 새문안교회 장로이다. 증인에게 새곡교회 목사가 교인이 10명이라고 한 말을 들었느냐고 물으니 10명이라고 말을 하는 것을 들었다고 대답한다. 내가 판사에게 그날 나에게 물을 때에 나는 주일예배 출석 교인이 18명에서 20명 정도라고 답변을 했었다고 말했다. 새문안교회는 교인이 적어서 교회를 내쫓고서 수련관을 지으려고 한다는 논리를 합리화하려고 거짓된 증인을 세웠다.

교회 측 변호사는 유지재단 사무국장인 증인에게 김 목사가 노회 전도목사로 파송된 사실과 무상임대차 계약서에 대해서 물었다. 새문안교회는 사무국장인 증인에게 심문하기를 새문안교회가 파송한 목사가 말을 듣지 않아서 교회 사임을 요구했고, 새문안교회 허락도 없이 교회 설립을 했기에 교회 부지를 노회 유지재단에 기탁하지 않고 수련관으로 쓰려고 한다는 억지 논리를 편다.

목사는 교회 헌법에 의해서 노회에서 파송을 한다. 교회 설립도 지원한 교회의 허락을 받아야 되는 것이 아니라 지교회의 세례 교인 20명 이상이 노회에 청원을 해서 설립하는 것이다.

판사님이 교회 문제를 사회 법정에서 판결을 받는 것보다는 양측이 합의를 해서 서로가 좋도록 조정을 했으면 좋겠다고 하니까 새문안교회 장로이면서 변호사인 강인애 장로는 조정을 원치 않으니 선고를 내려 달라고 한다. 판사님이 4월 25일에 조정을 하도록 할 터이니 출석을 하라고 한다.

솔로몬 재판에서 아이를 둘로 쪼개 달라는 가짜 어머니와도 같은 억지를 새문안교회 장로님들도 한다. 하나님 앞에서 말이다.

서산법원의 공문을 보며

2008년 4월 6일

서산법원에서 보낸 새곡교회와 새문안교회의 소송 건에 대한 화해 권고결정 공문이 변호사 사무실을 통해서 왔다.

피고인들(새곡교회)은 원고 새문안교회로부터 4천만 원을 지급받고 5월 31일까지 교회 건물과 사택을 원고에게 인도하라는 것이다. 판사의 법 이해는 계약이나 약속보다는 부동산 소유권이 우선한다는 것인가 보다. 약속에 대한 책임을 다하지 않는 한국 사회의 모습을 보여주는 것 같다.

교회를 개척하라고 기증한 부동산을 새문안교회 당회는 교회를 쫓아내면서까지 부동산을 소유하려고 한다. 새문안교회 소유이기에 자신들이 마음대로 사용할 수 있다는 법적인 논리만을 내세운다.

12년 전 새문안교회는 새문안 교인들과 충남노회에 이 대지 위에 새곡교회를 세워서 하나님에게 봉헌한다고 광고를 하고 기도를 했었다. 그런데 7년 전부터는 교회를 폐쇄하고 다른 용도로 쓰겠다면서 김 목사는 교회를 떠나라며 유치하고 비열한 방법을 다 동원했다. 하지만 교회를 지키겠다는 나의 신념을 꺾지 못하자 소송을 제기한 것이다. 농촌 마을에 교회가 세워졌다가 사라져도 하나님 나라는 계속 확장된다.

독일의 목회자이면서 신학자인 본회퍼는 앞으로 하나님이 없는 성숙한 시대가 도래할 것이라고 했다. 요한계시록에도 하나님 나라에는 예루살렘 교회가 없다고 했다. 교회가 없는 성숙한 시대가 앞으로 도래할 것이다. 하나님 나라가 하나님이라는 종교적인 개념이 없이도, 교회라는 종교 단체가 없이도 확장이 되는 성숙한 시대를 지금 새곡교회는 경험하고 있다.

교회 주변에는 12년 전에 심어 놓은 나무들이 푸른 잎을 삐죽삐죽 내밀면서 미소를 짓는다. 노랗고 빨간 꽃들이 환하게 웃는다. 인간들의 욕망이 아무리 크고 높다고 해도 하나님 나라는 웃으면서 우리에게 인사를 한다.

힘이 제일인 세상

2008년 6월 8일

사람은 무엇으로 사는가? 이 문제에 대해서 톨스토이는 사랑으로 산다고 했다.

사랑은 무엇인가? 사람들은 관심이라고 한다. 사람은 관심을 받으면서 산다. 관심을 받으면 자신이 인정받는다는 사실에 행복해진다.

사람은 왜 사는가? 이 물음에는 행복해지려고 산다고 한다.

행복이 무엇인가? 자기 존재의 의미를 성숙하게 깨닫는 것이 행복이다. 그래서 행복은 수단이 아니고, 대상화가 될 수가 없고, 상품화가 되지 않는다.

그런데 사람들은 행복 이외에 무엇인가를 얻으려고 집착한다. 그 집착에서 자유로워지고 성숙함에 이르게 하는 역할이 종교宗教이다. 한문의 뜻으로 풀면 높은 가르침이다. 즉 성숙한 가르침이 종교의 기능이라는 말이다.

21세기를 살아가는 사람들에게 한국 교회는 얼마나 성숙한 가르침을 주고 있을까? 집착으로부터 자유로워지는 행복한 삶을 살아가는 것을 가르치기보다는 집착의 대상을 소유하는 방법을 가르쳐 준다. 기도를 하면 얻을 수가 있다고 가르친다. 믿으면 다 된다고 한다.

종교가 수단화가 되어 가고, 대상화가 되어 가고, 상품화가 되어 가고 있다. 목회자들은 자본 시장에서 구매가 잘 되도록 다양한 방법을 동원한다. 종교 컨설팅의 전문가가 되어야 하는 목회자들은 정체성의 혼란을 겪고 있다.

"나는 누구인가?"라는 질문을 지금 하고 사는가? 촛불이 서울 중심가에서 십자가를 이루어 가는 지금, 우리는 무엇으로 사는지? 그런 물음을 던지면서 하루를 산다.

욕망에서 나오는 힘의 정치를 인간들은 정치나 종교에서 했다. 지금도 힘의 정치는 예수를 몰아낸다. 새문안교회의 당회는 힘을 숭배한다. 그래서 힘이 없는 새곡교회에 통보를 한다. 6월 10일까지 나가라고.

어떻게 새곡교회는 자유로워짐의 신앙공동체가 될 수가 있을까?

천국 보험 드세요

2008년 7월 13일

마을 입구에 있는 새곡교회 이정표 맞은편에 작은 이정표가 서 있다. 어느 날 갑자기 새로 생긴 이정표를 보자 당황스러워졌다. "관음사"라는 글자가 크게 보였다. 오곡리 바름이에 절이 생긴 것이다. 6·25 이후에 오곡리를 절골이라고 불렀다고 했다. 스님들이 이곳에 피난을 와서 살았기 때문이다. 절이 없다가 올해에 생긴 것이다.

새곡교회가 새문안교회에 의해서 쫓겨나니까 절이 들어온 것 같다. 이것도 하나님의 섭리일 게다. 이곳에서 12년 동안 복음을 전하였지만 그 결과는 하나님이 평가를 할 것이다. 또 다른 곳으로 가서 복음을 전하라는 하나님의 섭리인가 보다.

관음사의 스님과는 정식으로 인사를 아직 하지 않았다. 몇 달 전에 기순 씨 집 앞에서 하얀 자가용과 마주쳤다. 운전자가 창문을 열더니 나에게 인사를 한다. "새곡교회 목사님이시지요" 하고 자신이 누구인지를 밝히지 않으면서 "목사님이 마을을 위해서 좋은 일을 많이 한다고 들었어요? 조만간 만나지요" 한다. 얼떨결에 인사를 했다. 의상이 스님 복장이었다.

관음사 절은 오 씨네 집이다. 말을 들으니 스님은 오 씨 아들이라고 한다. 오 씨 할아버지는 칠순인데도 농사일을 잘하신다. 가을까지 열심히 일을 하고는 겨울이 되면 좋아하는 술을 드시고는 교회 앞을 지나가다가 나를 보면 반갑게 인사를 하며 말을 건넨다. 새곡교회를 지을 때에 겨울 공사를 하면 부실하게 된다고 걱정을 하셨다.

오곡리 분들은 새곡교회에 대해서 좋은 감정을 가지고 있다. 교회를 다녀 주지 못해서 늘 미안해 한다. 전도하는 것이 부담이 되는 현실이다. 교회 다니시라고 전도를 하는 것이 부담이 된다. 보험설계사가 미래를 위해서 꼭 보험을 들으셔야 한다고 하면서 부담이 되듯이 말이다.

부담 갖지 말고 천국 보험을 드세요!

휴거하는 교회

2008년 8월 3일

장마철을 보내고 있다. 변화가 있는 것은 교회 주변의 나무와 잡풀들이 파랗게 자라고 있는 것이다. 교회 주변을 정리하고 풀 깎기를 하여야 하는데 하지 못했다.

올해는 풀과 나무 속에 교회가 파묻혀버린다. 사택 지붕을 덮은 등나무 한 그루를 작년에 베어버렸는데도 그렇다. 도깨비가 나올 것 같다고들 해서 제거했다. 일 년이 지났는데 다른 등나무 한 그루가 다시 지붕을 덮어버렸다. 교회 앞에 있는 후박나무는 키가 교회 지붕 십자가까지 자랐다. 이제 교회가 보이지 않는다.

이 지역이 황해경제자유구역으로 지정이 되어서 도시가 된다. 교회도 없어진다. 도시가 된 이후에는 다시 교회의 십자가들이 여기저기 붉게 빛을 발하게 될 것이다.

지난주에 황해경제자유구역청이 발족했다. 문예의전당 안에서는 정치인들과 관료들이 자축을 했고, 밖에서는 해당 지역 주민들이 피켓을 들고 데모를 했다. 이해관계에 따라서 사람들은 입장을 정한다. 새곡교회는 입

장을 표할 권리도 없다. 이제 새곡교회는 호산나교회에 통합하기 위해서 행정 절차를 추진하고 있다.

지난주에는 제직회를 열어서 호산나교회 목사님을 청빙하기로 결의를 했다. 호산나교회 제직회도 나를 청빙하기로 결의를 했다. 필요한 서류를 준비해서 노회에 제출하여야 한다.

한국 교회는 점차 인간들의 욕망이라는 숲에 포위되어 죽어가고 있다. 교회가 살아날 방법은 공중으로 휴거를 하는 수밖에 없을 것 같다. 그래서 일까, 초대 교회 성도들은 인간들의 죄악과 욕망의 땅을 떠나 공중으로 휴거를 한다고 믿기 시작했다.

죽음이라는 두려움까지도 겪지 않는 휴거를 갈망한 그리스도인들은 이 땅의 욕망으로부터 자유로움을 원했다. 이 소망이 이루어지기 위해서는 예수 그리스도가 재림을 하여야 한다.

예수여! 어서 오시옵소서! 아멘.

기독교인의 자살과 천국

2008년 10월 4일

지금 우리나라는 자살이라는 사건으로 충격을 받고 있다. 자살자의 대부분이 종교를 갖고 있다. 그리고 자살자 중에 기독교인이 많다. 안재환 씨나 최진실 씨가 기독교인이다.

어느 목사가 자살한 사람의 장례식장에서 고인의 위패에 교회 직분이나 성도라는 말을 쓰지 않았으면 좋겠다고 한다. 기독교인이 자살을 한다는 것은 부끄러운 일이지만 그를 정죄해서는 안 된다.

내가 교육전도사일 때에 교회학교 교사인 총각이 어느 날 갑자기 자살을 했다. 그 가족은 몇 대에 걸친 독실한 기독교 집안이다. 그 누나가 나에게 울면서 물었다. 자살을 해도 천국에 갈 수가 있나요? 내가 대답을 했다. 물론 갈 수가 있다고, 동생이 이 땅에서 이루지 못한 사랑을 천국에서 이루게 될 것이라고 했다.

그 친구는 부모가 결혼을 반대해서 결국에 자살을 했다. 자살은 생명의 주인이 자기라는 소유개념의 극단에서 나오는 행동이다. 기독교에서는 생명의 주인을 하나님으로 인정을 한다. 유교에서는 생명의 주인이 자신만이 아니라 조상이고 부모라고 가르친다.

자살은 개인의 윤리 문제만이 아니라 사회적인 문제이다. 우리나라가 자살률이 세계 1위가 되는 이유가 있다. 또한 노인의 자살률이 급속히 증가하는 사회적인 이유가 있다.

자살률이 감소하려면 생명에 대한 경외심이 사회적으로 존중되어야 한다. 또한 인생의 행복 기준을 물질 만능주의적인 척도에서 벗어나야 한다. 그리고 이기주의적인 생활방식을 극복하고 공동체적인 생활방식을 자연스럽게 살아갈 수가 있는 사회구조를 창출해 가야 한다.

교회는 이러한 생명 존중과 공동체적인 삶을 살아가는 믿음의 공동체이다. 종교가, 교회가 물질 만능주의가 되고 이기주의적인 삶의 자리가 되어 가면 자살률이 점점 증가할 수밖에 없다.

자살하면 천국에 못 간다는 교육으로는 건강하고 행복한 공동체를 이루지 못한다.

돈과 권력이 없는 교회

2008년 12월 20일

호산나교회 김광진 목사에게서 전화가 왔다. 개척할 교회를 계약하고는 내부 수리를 한다고 했다. 목수 1명과 자신이 보조를 하면서 하루 종일 일을 한단다.

사택은 22일 이사를 하기로 했으니 새문안교회에 연락을 해서 이사비를 일부라도 우선 보내라고 요청해 달라고 한다. 새문안교회 사무처에 전화를 여러 번 했다. 담당 장로님이 우리가 완전히 이사를 간 다음에 돈을 지불해 주겠다고 한단다. 상당히 치졸한 사람들이다. 계약금과 중도금을 미리 주어야 이사를 할 수 있다는 사실을 뻔히 알면서도 나 몰라라 하는 새문안교회는 상식 이하의 사람들이다.

신앙은 상식적이어야 한다. 한국 교회는 상식을 벗어나야 좋은 신앙이라고 강조한다. 세상과 상호 소통을 하려고 하기보다는 지배하고 정복을 하려고 한다. 세상과 믿지 않는 자들을 사탄의 세력으로 규정하려고 한다. 그래서 그들을 굴복시켜야 한다고 믿는다.

예수님은 그들을 사탄의 자식이라고 하지 않았다. 오히려 하나님의 자녀라고 했다. 그들과 함께하기 위해서 하늘 보좌를 버리고 이 땅에 왔다고 한다. 그래서 그의 이름은 임마누엘이다. 엘 - 하나님이, 누 - 우리와, 임마 - 함께하다.

예수는 세상을 사랑해서 함께하려고 우리에게 왔다. 그래서 복음이다. 한국의 보수적인 기독교인들과 교회는 세상을 지배하려고 한다. 권력과 돈을 가지고 지배를 하려고 한다. 그러기에 힘이 없고 권력이 없는 존재들에게는 안하무인이다. 작은 농촌교회는 없어져도 아무렇지도 않다고 생각을 한다. 자립하지 못하는 교회는 빨리 없어지기를 바라고 있다.

하나님의 축복은 권력과 돈이라고 설교한다. 그렇기에 대형교회는 하나님의 복을 받았다고 한다. 그런데 예수는 권력과 돈이 없었다. 오히려 하나님의 나라는 권력과 돈이 없는 자들의 것이라고 했다.

다시 부활한 농촌교회 첫 주일예배

2009년 1월 9일

호산나교회에서 새해 첫 주일예배를 드렸다. 교회가 어디에 있는지 모르는 배명주 성도는 장로님 차를 따라왔고, 이인숙 집사는 한참을 헤매다가 지각을 했다. 예배당에 34명이 모여서 예배를 드리기는 20년 만에 처음일 것이다. 호산나교회를 22년 지켜 온 집사님들은 농촌교회가 다시 부활한 것에 대해 주께 감사함이 얼굴에 번졌다.

예배 후에 예배당 한켠에 상을 펴고는 점심을 함께 먹었다. 전에는 예배 후에 쓸쓸히 헤어졌는데 이제는 웃음꽃을 피우면서 이야기를 한다. 오후 예배까지 드렸다. 승필 선생의 찬양이 높은 예배당 천장까지 은혜가 꽉 차게 울렸다. 나의 설교도 톤이 높아졌다. 교회 마당에 차들이 즐비하니까 집사님은 이제야 교회 같다면서 나오지 않는 성도들에게 호산나교회가 어떻게 변했는지 이야기를 하고 교회에 다시 나오라고 전도를 해야겠단다.

수요일 저녁 명산리에 차량운행을 했다. 성 집사님은 몸이 피곤하다면서 저녁 예배는 못 나가겠다고 하니 부인 집사님이 성경 가방을 가지고 나오면서 강권을 했다. 예배 후에 나오기를 잘 했다고 하신다.

집에 가면서 요즘 교회에 나오지 못하는 한 가정을 심방하자고 해서 갔다. 교회 초입에 있는 컨테이너에서 사신다. 모자가 함께 살고 있다. 아들이 교회에 열심히 다녔는데 요즘 일이 바쁘단다. 어머니는 오래전에 다녔는데 아무것도 몰라서 다니지 않는단다. 이제 호산나교회가 확 달라졌다고 집사님이 자랑하신다.

주일예배를 잘 드리고 가신 이 집사님이 월요일 아침에 서울 병원에 입원을 했다고 해서 집으로 심방을 갔다. 박 집사님이 남편 때문에 쓰러질 것 같다. 힘을 내시라고 기도를 했다. 아들에게 전화를 해보니 많이 호전이 되었다고 한다.

목요일 저녁에 퇴원을 했다고 해서 다시 심방을 갔다. 이 집사님은 쌩쌩하게 나를 맞이한다. 박 집사님의 얼굴에도 생기가 돈다. 자녀들과 함께 기도를 하고 저녁을 먹으면서 이야기를 했다. 발병의 원인은 몸이 허약해진데다 추위에 잠을 잘 자지 못해서 그렇단다. 아들이 보일러를 뜨끈뜨끈하게 켜놓았다.

교회의 존재 이유

2009년 2월 8일

폭설이 온 후에 기온이 따듯해서 눈이 다 녹았다. 올 겨울에 눈이 더 이상 오지 않았으면 좋겠다. 입춘이 되었으니 봄이 오고 있다. 땅이 녹기 시작한다. 그런데 교회 마당이 질퍽거려서 다닐 수가 없다. 배수가 잘 되지 않는다. 은미 아빠에게 와서 보라고 했다. 포크레인으로 작업을 하고 잡석을 깔아야 한다고 한다.

교회 뒷길도 울퉁불퉁해서 운전하기가 어렵다. 교회 화장실 공사장에도 흙을 북돋우어야 하고 잡석도 깔아야 한다. 토요일에 포크레인으로 공사를 하기로 했다. 유진이 아빠와 화장실에 벽돌을 쌓고 흙을 채웠다. 삽질을 하는 일이 상당히 힘이 든다. 기계의 힘을 빌려야겠다. 교회와 사택 주변에 흙을 돋우어야 한다. 밭둑의 흙을 퍼서 올려야 할 것 같다. 해야 할 일이 계속 생겨난다.

　아내와 유진이 엄마는 교회 사무실 서재를 다시 정리했다. 책상을 밖에 내어놓았다. 어린이방으로 활용을 하여야 한다고 한다. 원래가 어린이방 용도였다. 예배 시간에 아이들이 사택에서 놀았다. 교회 공간이 하나하나 확보된다.

　이제 진입로를 확보하는 것이 중요하다. 어느 집이라도 진입로가 좋아야 한다. 길은 현재의 의식과 미래를 상징한다. 하나님의 나라가 임했다고 선포한 예수님의 길은 십자가의 길이었지만 그 길에서 하나님의 나라가 이루어졌다. 길에서 만난 사람들은 가난하고 병들고 소외당한 자들이다.

　그들을 통해서 하나님의 나라가 이루어졌다. 교회의 길은 그러한 길이어야 한다. 한국 교회는 십자가의 길보다는 성공의 길을 가고 있다. 세상 사람들이 다 그 길을 가기 때문에 간다면 이익집단으로 전락을 하고 만다. 예수님 당시에 예루살렘 교회 집단은 종교의 탈을 쓴 이익집단이었다. 예수님은 성전 청결을 하였다. 한국 교회에 예수님이 오시면 성전 청결을 할지도 모른다.

　호산나교회의 올해 표어도 새곡교회의 표어대로 "이웃을 섬기는 신앙 공동체"로 했다. 이웃은 교회 존재의 이유이다.

4부

농촌에서 무슨 선한 것이 나겠는가?

· 농촌의 현실
· 농촌에서 목회하기
· 농촌의 청소년
· 나에게 새곡교회는

기러기 떼와 자살자들

기러기들은 먼 거리를 이동할 때 V자 형태로 날아간다. 그런 형태로 무리를 지어서 날면 한 마리가 날 때보다 훨씬 힘이 덜 들기 때문이라고 한다. 앞에 있는 기러기가 날갯짓을 하면서 내는 바람이 뒤에 있는 기러기를 올려 주고 또 그 기러기가 내는 바람이 바로 뒤에 있는 기러기를 올려 주어 혼자서 날 때보다 71%나 힘이 덜 든다고 한다.

사람들도 기러기처럼 인생을 살아갈 수는 없을까? 뉴스에서 들려오는 소리는 한국이 OECD 국가 중에 자살률이 1위라고 한다. 외국 여행을 다녀 본 사람들 중에 그래도 한국이 사람 살기는 제일 좋다고 하는 사람들이 많다. 살기 좋다는 한국에서 자살률이 제일 높다는 사실은 무엇을 말해 주는가?

우리나라의 지난해 자살자는 1만 2천 명으로 하루 평균 32명꼴이란다. 인구 10만 명당 자살자 수도 25.2명으로 10년 전보다 2.4배나 늘어났다고 한다. 삶의 자리에서 좌절을 하는 사람들이 이렇게 많다. 당진군에서만도 올해에 35명이 자살을 했다고 한다. 자살을 하면 당사자의 책임으로 결론을 내린다. 자살자의 책임은 사실 50%이다. 그리고 사회가 50%의 책임이 있다. 그 50% 속에는 내가 있다.

자살의 동기는 크게 두 가지다. 하나는 경제적인 어려움 때문에 생기는 상대적인 좌절감이다. 그리고 하나는 정신적인 건강함을 상실했기 때문이다. 산업사회에서 정보사회로 급변하는 와중에 사람들은 자기정체성을 건강하게 형성하지 못하고 불안해하고 있다.

청소년들이 공부 스트레스와 진로 문제 때문에 자살을 하는 안타까움, 중년의 아버지와 어머니들이 경제적인 고통과 정신적으로 건강하지 못해서 죽음을 선택하는 아픔, 그리고 노인들의 자살 선택은 고통을 줄이고 자식들에게 짐이 되고 싶지 않은 부모의 심정을 느끼게 한다. 작년에 61세 이상의 노인 자살자들이 4220명이나 된다고 한다.

인간에게는 죽음의 권리도 있다고 주장하는 사람들도 많다. 인간에게는 생의 본능과 함께 죽음의 본능이 있다. 정신분석학자인 프로이트는 이 두 가지의 본능을 나중에 깨달았다. 생의 본능과 죽음의 본능이 균형을 이루며 상생의 작동을 할 때에 인간의 정신은 건강해진다. 그런데 환경의 충격으로 어느 한쪽으로 기울어지면 폭력이 드러난다. 자살도 하나의 폭력이다. 상대를 향한 폭력이 불가능해질 때에 자신에게 폭력을 사용하는 것 중에 하나가 자살이다.

죽음의 신(Thanatos)은 죽음으로 끝나는 것이 아니다. 죽음의 신은 항상 생명을 잉태하고 출산을 한다. 죽음은 하나의 과정(Process)이다. 자살은 새로운 생명으로의 탄생을 하고 싶은 욕망의 보습이기도 하다. 이 욕망의 갈구에 우리들은 응답을 하여야 할 책임이 있다. 자살은 혼자서 하는 것이 아니라 알 수 없는 누군가의 동조자가 있다. 그래서 우리는 자살자를 비난할 자격이 없다.

우리는 침묵으로 자살자를 외면할 것인가? 이제 가족들이 가족들의 죽음을 다 책임을 질 수가 없다. 사회와 국가가 책임을 분담하여야 한다. 산업사회 이후에 고착된 물질만능주의와 이기주의를 극복하여야 한다. 그러기 위해서는 개인의 행복을 추구하는 공동체 정신을 회복하는 운동이 일어나야 한다. 인간은 혼자서 살 수 없도록 창조되었다.

삶의 질을 건강하게 만들어가는 공동체 운동이 필요한 곳은 대한민국이면서 그중에 당진이다. 내 고향 당진에서 자살자들이 늘어나는 현실에 마음이 아프다. 이 땅에 희망이 좌절되어서 자신을 죽이는(suicide/ sui=I, cide=kill) 한 맺힌 사람들에게 마음을 열어 줄 사람은 누구일까?

-〈당진시대〉 2005년 10월 10일

정서적 산소가 필요한 아이들

나는 5년 전에 교회 뒷동산에서 새순으로 자란 작은 소나무를 캐어다가 정원에 심었다. 소나무는 뿌리내리기가 힘겨운 식물이라서 과연 살 수 있을까 염려가 되었다. 틈틈이 물을 주면서 새순 소나무가 자라나는 것을 신기하게 바라보았다. 풀을 깎을 때도 조심했다. 혹시 낫에 잘려 나갈지도 모르기 때문이다. 어린 소나무는 더디지만 뿌리를 내리고 자라기 시작했다.

5년이 지난 지금은 제법 성장하였다. 거실에서 볼 적마다 기특하다. 다른 꽃나무들과 종자가 다른 소나무가 가운데 있으니 어색하기도 하고 돋보이기도 한다. 정원에 소나무 한 그루가 있어서 아름답다. 아름다운 소나무를 보면서 나 자신을 생각한다. 내가 존재함으로써 삶의 자리가 아름답고 풍요로워지기를 고대한다.

나무들은 존재함으로써 환경을 아름답게 만들어낸다. 또한 다른 나무와 생명체들에게 유익함을 준다. 나무들이 어우러진 숲에는 휘발성 방향 물질이 있는데, 이 화학 물질은 수십 종의 '테르펜terpene' 이라는 천연 항생 항균물질이 주성분으로 스트레스로 인한 피로와 두통, 불면증, 위장장애 등을 치료해 주며, 인체 면역력을 향상시키는 치료 효과가 있다고 한다.

인생을 아름답게 살고 싶은 욕망은 누구에게나 있다. 그런데 그렇게 되지 않음은 어릴 적부터의 성장 환경과 연관이 깊다. 속담에 "될 성싶은 나무는 떡잎부터 안다"라는 말이 있다. 또한 "세 살 버릇 여든까지 간다"라고 했다.

대상관계 심리학자들은 인간의 성격이 3세 때에 형성된다고 본다. 우리나라의 선조들은 그 사실을 예전부터 알고 있었다. 태어나서 3년간의 교육이 태교 10달만 못하다는 이야기도 있다. 어릴수록 교육의 효과가 크다. 단순히 지식에 관한 교육이 아니라 정서적인 교육이 중요하다.

방학이 되면 우리나라의 학생들은 두 부류로 나누어진다. 방치된 학생과 공부라는 과제에 짓눌리는 학생이다. 인생이 지식 공부를 하는 아이와 지식 공부를 하지 않는 아이의 두 부류만으로 나누어진다는 사실은 비극이다. 아이들의 성장은 공부로 판가름 나는 것이 아니라 건강하고 아름다운 삶의 경험으로부터 이루어진다. 그러기에 방학은 아이들이 숲의 나무처럼 테르펜을 생산해내는 경험을 할 수 있는 시기이다.

겨울방학이 되었다. 아이들을 지식 공부에만 내몰지 말고 정서적인 풍요로움을 경험하게 함으로써 자기 인생을 아름답게 창조해 가는 능력을 키워 주어야 한다. 이러한 능력은 정서적 산소가 충만해야 가능하다.

정서적 산소가 결핍된 아이들이 자꾸만 늘어나고 있다. 인터넷의 과다 사용과 온라인 게임 중독이 정서적 산소 결핍을 가중시키고 있다. 또한 정서적 산소를 결핍시키는 원인은 인간들의 성공제일주의 욕망이다. 수단과 방법을 가리지 않고서 성공하기만 하면 된다는 가치관이 인간과 사회를 병들게 한다.

성공주의의 모습이 요즘에 체세포 복제 문제로 표출되고 있다. 황우석 교수와 정치가들은 한건 성공을 하기 위해서 무리수를 쓰다가 세계적으로 망신을 당하고 있다. 성공하는 인간을 키우려 하기보다는 진실된 인간, 아름다움을 창조하는 인간, 행복을 느낄 수 있는 인간을 키우는 교육이 되어야 한다. 이러한 교육은 가족이라는 공동체 속에서 가능하다.

　이번 겨울방학에 아이들은 숲의 나무들처럼 함께 생명을 공유하고 체험하면서 아름다움을 창조하면서 행복한 경험을 가족들과 함께 할 수 있기를 기원해 본다.

- 〈당진시대〉 2005년 12월 26일

군민의 행복추구권 박탈하는 개발 논리

요즘에 동네에 스피커 소리가 자주 울린다. 오곡리뿐만이 아니다. 부곡리, 복운리에서도 확성기에서 이장님의 목소리가 들린다.

　"마을 주민들은 중요한 회의가 있으니 꼭 참석해 주시기 바랍니다."

　당진군에서 이곳을 테크노폴리스 예정지로 공고했다. 이에 대한 당진군 군민들의 반응은 다양하다. 전반적으로 환영하는 분위기이다.

　그러나 해당되는 지역의 주민들은 대체적으로 불안해한다. 농사를 짓는 사람들 중에는 자기 소유의 토지를 갖고 있는 사람도 있지만 외지인이나 남의 토지를 경작하는 사람들도 많다. 할 줄 아는 것이라고는 농사짓는 것뿐인데 앞으로 어떻게 살아야 하나 걱정을 할 수밖에 없다.

　또한 자기 소유의 토지가 있다 하더라도 보상가로 다른 지역에서 구입을 할 수가 없다는 것이다. 세금 부담이 많은 외지에서 사는 토지 소유자들은 이번 기회에 좋은 가격으로 보상을 받을 수 있기 때문에 개발을 찬성하기도 한다.

　이러한 개발들이 한국에서는 60년대 이후 계속되어 왔다. 개발이 늦었던 당진은 1990년대 이후에 개발이 많이 되었다. 개발이 될 적마다 군민들의 선택은 배

제되었다. 일방적인 행정에 군민의 행복추구권은 박탈당하기도 했다. 행복추구권과 개발이 갈등을 일으키고 있는 것이다. 이번 당진군청의 테크노폴리스 개발 추진은 몇 가지 문제점이 있다.

첫째, 해당 군민들의 참여를 원천적으로 봉쇄했다는 것이다. 부동산 투기 등과 같은 부작용이 일어날 가능성 때문이라고 하지만 당진군은 이미 부동산 투기 지역으로 지정되었기에 부동산 투기 부작용이 일어날 가능성은 없다.

둘째, 이러한 정책을 군이 주도적으로 하지 않고 한화그룹이라는 재벌기업에 의존했다는 것이다. 투자 유치라는 명목으로 정책 입안 과정부터 재벌의 이해관계를 보장해 주는 정책을 우선적으로 실시했다. 군민들의 행복추구권은 차단되고 재벌의 이익권은 보장을 해주는 개발논리는 설득력이 없다.

셋째, 당진이 균형 있게 개발되어야 하는데 공단 개발에만 치중됐다. 당진군은 농촌 지역이다. 공단과 함께 상업 도시화가 이루어지고 있지만 아직은 농업 기반이 넓다. 공업 도시화를 위해서 농업 기반을 무차별적으로 훼손하는 개발은 또 다른 문제를 일으킨다. 지금까지 당진군은 하늘이 준 바다라는 천혜의 자원을 모두 사장시키고 공단 개발을 했다. 70년대 이전의 바다 자원을 다시 회복할 수가 없다. 마찬가지로 농업 기반을 사장시키는 개발이 계속되면 여러 가지 문제가 발생한다. 환경의 문제와 함께 식량 자급률의 급락에 영향을 준다.

넷째, 당진군의 삶의 질이 떨어진다. 주민등록을 옮겨서 시 승격을 빨리 이루자고 군수님은 공무원들에게 몇 명씩 할당을 하면서 강요를 하고 있다. 시 승격을 하면 살기 좋은 당진이 될 것이라는 환상을 심어 준다. 나를 위한 시 승격이 될 것인지에 대한 확신이 없다. 각 분야의 균형 있는 발전이 이루어져야 사람들은 주민등록을 옮겨서 정착을 할 것이다. 현수막 정치로 공무원들을 압박한다고 시 승격이 앞당겨지는 것은 아니다.

이제 경제 논리만으로 행복추구 욕구를 만족시킬 수 없다는 것을 군민들은 알고 있다. 경제 논리보다는 행복추구 욕구와 삶의 건강한 질적 욕구가 더 중요한 시대가 되었다. 이제 당진군의 개발 계획은 70년대의 개발 논리만으로 진행해서는 안 된다. 개발의 최우선은 군민들의 삶의 질이다.

공단 개발이 우리를 잘살게 해주고 행복하게 해줄 것이라는 착각을 멈추고 환경과의 균형을 갖춘 개발, 삶의 질이 향상되는 개발을 위해서 우리가 노력을 하여야 한다.

-〈당진시대〉 2007년 1월 29일

아이들의 정서적인 건강함과 지식정보사회

천안 아동학대예방센터에 갔다. 아이와 놀이치료를 했다. 늘 자동차 놀이를 하던 아이가 다른 장난감을 찾다가 마땅한 것이 없으니까 자석으로 된 장기판을 가지고 와서 함께 두자고 한다. 장기를 둘 줄 아느냐고 물으니 모른다고 한다. 가르쳐 딜라고 해서 하나하나 가르쳐 주면서 장기 한 판을 두었다.

아이는 장기판의 말이 가는 길을 가르쳐 주었는데도 자기 말이 죽는 것을 싫어했다. 내 말을 잡아야 한다면서 규칙을 어긴다. 그렇게 하는 아이가 기특하고 예쁘다. 나에게 처음에 왔을 때는 선택적 함묵증이 있었고 생기도 없고 승부욕도 없이 혼자서 놀이를 했다. 놀이에 대한 이야기도 하지 않았다.

이제는 놀이에 대한 이야기를 한다. 승부욕도 많이 생겼다. 장기판은 결국에 비기도록 했다. 그럼에도 만족이 되지 않는지 자기가 내 왕을 잡아먹고는 이겼다고 우긴다. 아이가 이겼음을 인정해 주고 다음에 다시 한 번 대결을 하자고 했다.

어린이가 건강하고 행복한 삶을 살아야 나라의 미래가 밝아진다. 뉴스에서 안양의 두 여자 어린이가 시신으로 발견되어 많은 사람들의 마음을 아프게 했다. 어른들의 건강하지 못한 가치관과 욕망이 아이들을 힘들게 한 것이다.

21세기는 지식정보사회이기에 공부에 뒤떨어지면 살아남을 수가 없다는 인식이 어른들에게는 아주 높다. 지식정보사회에서는 오직 공부만이 경쟁력을 가지게 되는가? 그렇지 않다. 지식정보사회의 가장 큰 경쟁력은 인격적인 성숙함이다. 인격적인 성숙함이 개인의 행복과 건강한 사회를 이뤄 간다는 사실도 알아야 한다.

새 정부는 초등학생과 중·고등학생에게 일제히 학력평가고사를 치르게 해서 성적과 등수로 줄 세우기를 했다. 경쟁의 대열에서 출발하도록 강요하는 것이다. 그리고 경쟁에서 승리하려면 영어를 잘 해야 한다고 압력을 넣는다. 그동안 논술 학원이 번성을 하다가 이제는 다 문을 닫고 영어전문학원을 하려고 한단다.

천안에서 논술 학원을 경영하는 원장님과 통화를 하게 되었다. 학원을 그만두고 서울에서 로스쿨 입시생들에게 논술 강의를 한다고 한다. 논술이 입시 시험으로 채택이 되어서 학생들이 책을 읽고 글쓰기를 공부했는데 갑작스런 입시 정책의 변화로 학생들은 혼란스러워 한다. 이제는 그나마 기본 교양을 갖추지 못한 '무식한' 학생들이 양산되게 되었다.

그동안 청소년들의 정서적인 건강함을 위해서 봉사활동을 하고 교육을 해오던 나는 요즘에 당진 청소년 문화 아카데미에서 프로그램을 개설했다. 21세기의 지식정보사회에서 경쟁력을 갖추려면 먼저 정서적인 건강함과 인격적인 성숙함을 위해서 시간과 돈을 투자해야 한다. 우리가 살고 있는 당진군 지역의 청소년들에게 진정한 경쟁력을 높일 수가 있는 기회를 어른들이 마련해 주어야 한다.

-〈당진시대〉 2007년 12월 17일

여성성Anima과 남성성Animus이 아름다울 때에

여고 선생님이 나에게 문의를 했다. 여고에서 남자 선생님이 수업 시간에 성폭력에 대해서 이야기를 하면서 성폭력은 여성들이 빌미를 제공하기 때문에 일어난다고 했단다. 한 학생이 몹시 화가 나서 여선생님에게 하소연을 하면서 그 남자 선생님에게 이야기를 해달라고 했는데 어떻게 해야 할지 모르겠다고 한다.

자신이 남자 선생님에게 잘못된 성 인식을 항의하게 되면 서로가 감정이 상할 것 같아서 부담이 된다고 한다. 성에 대한 편견이나 왜곡된 인식이 많다. 내가 조언을 해주었다.

학생의 요청에 적극적으로 응하는 방법은 하나의 방법에 불과하다. 학생에게 화가 나지만 불이익을 당할까 봐 흥분만 할 것이 아니라 선생님이 어떤 의도로 그 말을 하는지 분명히 물어볼 수 있어야 한다. 그리고 선생님의 성에 대한 가치관이나 철학을 물어야 한다. 또한 학생들에게 중요한 이슈이고 성 정체성에 대한 중요한 문제이기 때문에 학생들과 교사들이 토론을 할 수 있도록 문제를 발전적으로 진행시키는 능력이 필요하다.

성폭력은 성을 자기 쾌락을 위하여 대상화하기 때문에 일어난다. 그리스의 신화를 보면 제우스는 여신들을 대상화하면서 정치를 했다. 남성 중심적인 사회가 신화 속에 그대로 투영되어 있다.

꽃을 보면 만지고 싶다고 우리나라 국회의원 중 한 의원이 말을 했다. 꽃이 만져 달라고 하지 않았음에도 그렇게 단정하는 것은 대상에 대한 자기중심적 폭력이다. 그 사회의 건강 척도는 사회의 성sexuality 건강도와 비례한다. 꽃의 아름다움은 자기 대상화를 시키지 않음으로써 느껴진다.

여성성은 남성성과 균형을 이룰 때에 아름다워진다. 그런데 인류 역사 속에서는 남성성의 폭력이 여성성을 희생시키며 쾌락의 본능을 추구해 왔다. 그래서 여성성은 수동적인 것, 희생적인 것, 돌봄을 받아야 할 것, 악의 원천, 욕망의 대상으로 규정되었다. 이러한 관점은 성적 욕망에 대해서도 동일하게 적용되어 왔다. 여성은 수동적이고 간접적인 피해자일 뿐이다. 인간은 자신의 성적 욕망이 일으키는 엄청난 파장을 막아내기가 쉽지 않다. 그러나 인간은 스스로 이성적이며 존엄한 존재라는 지위를 포기할 수 없는 남자는 희생양을 마련하기에 이르는데, 그 희생양은 바로 여성이었다.

요즘에 우리 사회에서 음지에서 양지로 드러난 문제는 성폭력이다. 성폭력을 당한 여성이 받는 충격은 엄청나다. 성폭력을 당한 여성들이 겪게 될 가능성이 있는 정신 장애는 이러한 것들이다.

분노, 정신 해리, 섭식 장애, 정서조절 장애, 외상 후 스트레스 장애, 자기 비난, 자해, 사회적 철회, 신뢰감 상실, 우울, 불안, 공황 장애, 성기능 장애, 약물 남용 등이다. 이렇게 많은 정신적인 장애를 겪게 되는 성폭력은 법적인 조치로 해결될 수 있는 문제가 아니다. 우리 모두가 여성성과 남성성의 균형을 가질 때에 성폭력의 상처는 해결이 될 수 있다.

이 글을 쓰고 있는데 연락이 왔다. 여중학생이 남중학생에게 몇 달 동안 금품을 갈취당하고 성폭력을 당했다고 한다. 남학생이 계속 협박을 해서 부모님 지갑의 돈을 훔쳐서 주다가 탄로가 나서 내막이 밝혀졌다고 한다. 어떻게 해야 좋으냐고 학교 담당교사가 문의를 한다. 우선 산부인과에 가서 진단을 받고 경찰에 신고를 하라고 했다. 여성성과 남성성이 아름다워질 때가 아직 멀었나 보다.

- 〈당진시대〉 2008년 3월 17일

기성세대에 저항하는 청소년들

꽃피는 봄날 4월이 벌써 지나가고 있다. 5월이 온다. 5월은 가정의 달이다. 행복과 성장이 이루어지는 달이다. 그래서 청소년의 달이기도 하다. 당진군에서 5월 17일에 청소년 문화축제를 하기로 했다. 축제 프로그램을 계획하고 준비를 하고 있다. 예산에 맞추어서 하려니까 간단하지가 않다.

청소년들의 관심을 끌기 위해서는 연예인을 초청해야 한다. 인지도가 좀 있으면 출연료가 엄청나다는 어려움이 있다. 청소년들이 참여할 마당을 준비하고 있다. 놀이마당, 표현마당, 체험마당으로 꾸미었다.

표현마당으로 캐릭터 퍼레이드도 할 예정이다. 그리고 "내가 대통령이라면 청소년 정책을 위하여 무엇을 어떻게 할 것인가?" 라는 주제로 글짓기 공모를 해서 전시를 하려고 한다. 정치인들은 청소년들에게 관심이 부족하다. 투표권이 없기 때문이다. 청소년들이 자신들의 요구를 당당하게 할 수가 있어야 한다. 정치권에 말이다. 지방자치에서도 마찬가지이다. 그러기 위해서는 청소년들의 요구와 이야기를 전달해 주는 매체가 있어야 한다.

이와 같은 문제가 있어서 당진사랑 네트워크 아동·청소년분과에서는 청소년 신문의 필요성에 합의를 보았다. 그래서 당진청소년문화아카데미에서는 친구라는 의미를 가진 '아띠' 라는 청소년신문을 발간했다.

자원봉사자들이 신문 뭉치를 들고서 학교 담당자들에게 찾아가서 학생들에게 배포해 달라고 부탁하기도 했다. 앞으로는 청소년들의 이야기를 많이 실어야 한다. 청소년들이 세상과 커뮤니케이션을 건강하게 할 수가 있도록 중간매체 역할을 하여야 한다.

현재 대한민국의 청소년의 문화 활동은 '오락' 으로 편중되어 있다. 건강한 청소년 문화 운동을 정책적으로 지원해야 할 때이다. 그렇지만 지방자치단체에서는 일회성 행사를 많이 한다. 지방자치장들이 행사를 통해서 표심을 잡으려는 발상도 크게 작용을 한다.

우리나라는 봄, 가을이 되면 문화 행사 천국이 된다. 국민의 세금을 오락 행사로 날려버리니 아쉽기도 하다. 청소년을 위한 정책을 연구하는 예산이 필요하다.

해프닝도 있었다. 당진군에서 청소년 문화의집을 짓는데 어느 특정 단체에게 한 층을 제공하기 위해서 3층으로 짓는다고 했다가 여론이 따가워지자 원래의 계획대로 2층을 짓기로 했다. 청소년들을 위한 공간이 3층으로도 모자라는 형편이다. 청소년들만의 공연장도 없는 문화의집을 이제야 짓는다.

한 단체에서 나에게 전화가 왔다. 당진군 청소년 복지와 문화 정책에 대해서 조언을 해달라고 했다. 그래서 현재 지방자치에서의 청소년 정책을 이루기 위해서 먼저 해야 할 일은 청소년들의 욕구를 조사해야 한다고 말해 줬다.

욕구조사와 함께 그 다양한 욕구에 알맞은 정책을 세우고 서비스를 제공해야 한다. 이러한 작업은 공무원들이 할 수가 없다. 전문가들과 청소년 단체들에게 프로젝트를 주어서 실제화시켜야 한다.

지금 대한민국의 청소년들은 기성세대에게 저항을 하고 있다. 컴퓨터를 켜고서 가상의 세계로 자꾸만 들어가버린다. 자궁이라는 의미를 가진 매트릭스라는 가상의 세계 안에서 건강한 생명이 자라기보다는 인간성이 상실되어 가는 이상 인격자psychopath로 변해 가는 청소년들이 있다.

나는 천안 소년교도소에서 청소년 심리상담을 하고 있다. 순간의 잘못으로 수용된 청소년도 있고 가상의 세계 속에서 점점 인격이 황폐화된 청소년들도 있다. 이들의 문제는 아주 정치적인 것이다. 청소년의 복지와 문화 정책이 청소년들의 욕구를 따라가지 못함으로써 생기는 청소년의 문제이다.

오늘 당진군 청소년지원센터에 있는데 한 남자 청소년이 들어왔다. 보호관찰을 받고 있는데 동반자 선생님과 상담을 받으러 왔단다. 빨리 가야 한다면서 재촉을 한다. 이유는 친하게 지낸 형이 어제 자살을 해서 장례식장에 가야 한다고 한다. 자신도 자살 충동을 자주 느낀다며 센터 문을 열고 나갔다. 여중학생 어머니는 딸아이가 몇 달째 학교를 가지 않고 방에서 나오지 않는다고 상담전화를 해왔다. 기성세대가 해야 할 일이 많다.

-〈당진시대〉 2008년 5월 5일

농촌 아이들의 여름나기

오랜만에 교회에 생동감이 넘친다. 한 주간 동안 아이들이 소리 지르고 뛰어놀기 때문이다. 서울에 있는 교회 아동부가 여름성경학교를 새곡교회에서 했다. 놀이터의 미끄럼틀과 그네가 오랜만에 덩달아 신바람이 난 듯하다. 아쉬운 것은 비가 와서 서 씨네 잔디밭에서 놀지 못한 것이다.

아이들이 농촌에 와서 신선한 공기를 마시면서 노는 경험은 정서적인 건강을 촉진시킨다. 소년부 아이들은 삽교천 함대를 관람하고는 내도리 갯벌에 가서 바지락을 캐왔다. 아이들이 캐온 바지락으로 집사님들이 바지락 수제비를 끓였다. 아주 맛있는 수제비가 되었다. 자연이 인간들에게 무엇을 주는지, 그리고 인간들은 어떻게 자연과 더불어 살아가는지를 깨달았으면 좋겠다.

생명이 없음에도 있는 것처럼 환상의 세계를 주는 사이버 공간에 사로 잡혀 있던 아이들이다. 환상과 현실을 분별할 능력조차 없이 사이버 공간 속으로 영원히 빠져들어 가고 싶은 대학생이 컴퓨터 앞에서 자살을 하였다. 인터넷에 자신의 죽음을 알리고 죽은 모습을 사진으로 올렸다. 생명력을 느끼지 못하면 허무할 뿐이다.

새곡교회 아동부의 성경학교는 올해에 하지 못하게 되었다. 몇 명 되지 않는 아이들이 학원에 가야 된다고 한다. 부모들이 교회를 다니지 않기 때문에 교회에서 하는 행사에 관심이 없다. 학원에서 캠프를 가면 꼭 보낸다. 학원의 힘이 교회의 힘보다 강하다고 판단하나 보다. 아이의 교육을 책임져 주는 곳은 교회도 아니고 학교도 아닌 세상이다. 그래서 부모들은 학원의 힘을 믿고 싶어 한다.

농촌에서 공부를 하는 아이들은 도시에서 공부하는 아이들보다 공부하는 여건이 좋지 않다. 그래서 부모들은 더욱 학원에 매달리고 있는지도 모른다. 농로 길에 학원 차들이 지나다니는 것을 물끄러미 바라본다. 할머니가 손주들을 차에 태워 주고는 손을 흔들어 준다. 아이를 돌보는 할머니들이 많다. 직장을 다니는 엄마들이 많기 때문이다.

농사를 짓는 부모들은 농사일을 하지 않을 때에는 서해대교 밑에 가서 바지락을 잡아서 판다. 아이들의 학원비를 벌기 위함이다. 바다가 가까운 마을이라서 일 년 내내 일을 한다. 자식들을 대학까지 보내는 가정도 많다. 오곡리 마을은 옛날에는 거지도 들어오지 않을 정도로 가난한 마을이었다고 한다. 그래서인지 마을 분들은 상당히 부지런하다.

바다 근교의 농촌 마을이라서 여러 가지 좋은 점도 많다. 그렇지만 좋지 않은 부분도 있다. 서해안 개발 시대를 맞이해서 부동산 투기가 일어난 적도 있고, 올해에도 부동산 투기가 일어났다. 거리에 부동산 간판이 자꾸만 늘어나고 있다. 사람들의 정서가 점점 각박해지는 듯하다.

아이들의 정서 상태를 보아도 비슷하다. 나는 요즈음 당진 읍내에 있는 문화의 집에서 아이들 정서 교육 프로그램을 하고 있다. 아이들과 부모들에게 좋은 반응을 얻고 있다. 공부에 스트레스를 받고 있는 아이들의 정서를 건강하도록 해주는 일이 교회의 선교적인 과제이다.

올해에도 농촌 마을 아이들의 여름나기는 시원하지 못하다. 습도가 높아서 후덥지근하여 스트레스 수치가 올라가는 여름나기이다.

새곡교회가 성경학교를 못 하게 된 것은 7년 동안 처음이다. 이러한 현실이 농촌 교회의 모습이다. 농촌 아이들의 신앙을 위한 프로그램을 하지 못하고 도시 아이들의 신앙프로그램을 하는 데에 환경을 제공해 주는 것으로 만족을 하여야 한다.

　신나게 노는 아이들을 바라보면서 씁쓸한 마음을 다독거린다. 교회 놀이터에 미끄럼틀과 그네가 녹슬기 시작했다. 서울의 아이들이 와서 녹슨 것을 매끄럽게 만들어 주었다. 얼마 못 가서 다시 녹슬어버릴 것이다. 그래도 놀이터를 만들어 놓은 보람을 느끼게 된다.

인생을 달관한 오곡리 정신대 출신 할머니

"내 생명의 은인이 오시네!" 할머니는 내가 방문을 하면 곧잘 이렇게 말한다. 3년 전에 할머니가 몹시 아파서 천안 대학병원에 모시고 가서 검사를 받게 하고 수술을 받았다. 보호자가 없어서 내가 보호자로서 보증서에 사인을 했다. 수술을 받다가 생명을 잃거나 어려움이 발생을 해도 보호자는 이의를 제기하지 않겠다는 각서의 내용에도 도장을 찍었다.

　할머니는 나에게 너무나 고맙다며 수술을 받다가 죽으면 하늘나라에 가느냐고 묻는다. "할머니, 신장의 담석 제거 수술은 생명에 위협적이지 않아요!" 내가 안심을 시켜도 늙어서 죽을지도 모른다며 불안스런 눈으로 나를 바라보았다.

　팔순이 훨씬 넘은 정신대 출신 할머니를 안 지는 7년이 지났다. 방앗간 할머니로 불리었다. 오곡리에서 살게 된 역사는 1951년도인 만 30세 때라고 한다. 사람들이 손가락질을 하는 첩으로 들어왔다고 한다. 내가 오곡리에서 교회를 개척할 때에 이 할머니를 방앗간에서 만났었다. 교회 안내장을 드렸더니 자신은 부처님을 섬긴다면서 미안하다고 했다. 방 안에는 오곡리 할아버지들이 화투를 치고 있었고 방 안에는 담배 연기가 꽉 차 있었다. 인사를 하고는 나왔다. 그 이후로 자주 가지 못했었다.

성탄절이 되어서 인사를 하러 갔다. 몸이 아프다면서 누워 계신다. 교회에서 성탄절 기념으로 이웃돕기를 했다. 경수 아빠에게 어려운 가정을 물어보니까 몇 가정을 알려준다. 정신대 출신 할머니가 어렵게 되었다는 이야기를 들었다. 정신대 출신이라는 사실을 그때에 처음으로 알았다. 방앗간의 빚을 청산하고 이제는 경제적으로 아주 어렵게 되었다고 한다. 방앗간 할머니 집에 갔다. 방 안에서는 동리 할아버지들이 화투를 치고 있다. 교회에서 이웃돕기로 5만 원을 준비했다며 봉투를 드렸다. 할머니는 사양을 했지만 내가 다시 드리면서 부담 갖지 마시라고 했다. 할머니는 "미안해요. 목사 양반!" 하면서 화투 방으로 들어간다.

할머니가 수술을 잘 받고 치료를 받아서 몸이 많이 건강해졌다. 다리에 힘이 없어서 걸음을 잘 걷지 못했다. 뚱뚱한 할머니를 내가 부축하면서 병원을 다녔다. 차를 타고 천안에서 오는데 어렵게 나에게 고백할 것이 있다고 한다.

"목사님 양반, 내가 꼭 고백할 것이 있어. 이 말을 해야 내 마음이 편할 것 같아서 하니 나를 용서해 줘요."

"할머니, 어떠한 죄도 하나님이 다 용서를 하는데 제가 어찌 용서를 하지 못하겠어요. 말씀하세요."

"목사님이 몇 년 전에 나에게 돈 5만 원을 주었잖아요, 그런데 그날 화투를 치다가 몽땅 잃어버렸어. 내가 하느님에게 벌 받을 짓을 했구나 하고 생각을 했지. 창피해서 목사님에게 그동안 말을 하지 못했어. 그런데 이제 내 생명의 은인이니께 고백을 해야겠다고 마음먹었는데, 오늘 용기를 내서 말을 하는 거여. 용서를 하는 거지요."

"아, 그럼요. 이제 할머니는 화투를 치지 않잖아요."

"아랫동네로 이사를 오니까 영감들이 오지 않아. 그래서 못 하고 있는 거지."

할머니는 방앗간의 빚을 다 청산하고 일을 하던 사람에게 월세를 받기로 하고 넘기었다. 그런데 그 사람이 술집 여자들의 꼬임에 넘어가서 마을 사람들에게 보증을 서달라고 해서 농협에서 대출을 몇 억을 넘게 받아서 도망을 가버렸다. 오곡리 마을에 소동이 벌어졌었다. 몇 년 후에 그 사람의 거처를 알아냈지만 빈털터리라서 돈 받는 것을 포기했다고 한다. 그는 여자한테 돈을 나 빼앗기고 인천에서 손수레를 끌며 고물장사를 한다고 한다.

할머니도 살길이 막막해졌다. 첩으로 들어온 남편과 81년도에 사별을 했고, 방앗간을 받았는데 운영을 하는 데 무척 힘들었다고 한다. 할머니는 글씨를 모른다. 그래서 방앗간 셈을 모두 기억에 의존하기만 했다. 사람들이 어떻게 해서라도 속여 먹는다고 했다. 할머니의 기억력은 거의 신통력에 가까웠다. 자신의 인생 이야기를 할 때에 사람들의 이름과 특징, 그 당시의 정황을 영화를 보는 것처럼 상세하게 묘사한다. 할머니는 일본말도 잘한다. 자기가 공부를 했으면 장관 한 자리는 해먹었을 것이라고 한다.

한국정신대연구소에서 발행한 『강제로 끌려간 조선인 군위안부들 5』라는 책에 첫 번째로 할머니의 이야기가 나온다. 제목이 '나는 그저 몸만 빌려준 거지'이다. 내용을 읽어 보면 기억력에 놀라게 된다.

할머니는 화가 나서 화투로 시간을 소비하고 있었다. 그런데 어느 날 텔레비전을 보는데 정신대 할머니 이야기가 나오더란다. 정신대 출신 할머니들이 신고를 하면 보상을 받을 수도 있다고 해서 정신이 번쩍 났단다.

화면을 유심히 보니 일본에서 보관하는 것 중에 자신이 중국에 있을 때에 일본 장교가 자기에게 글을 써준 보자기가 있더란다. 자신의 이름도 화면에 선명하게 나왔다고 한다. 일본 장교가 글을 써주면서 헌병에 걸리면 이것을 보여주면 목숨을 건질 수 있다고 했단다. 나중에 한국에 와서 그 보자기를 누군가에게 주었는데 그것이 일본에 있을 줄은 몰랐다고 한다. 그래서 군청에 전화를 해서 신고를 했더니 군청에서 조사 나오고, 서울에서도 오고 야단이 났었다고 한다.

할머니는 그 이후로 후원금이 나온다. 혼자서 충분히 살 수 있는 돈이 나온다. 가끔 나에게 전화를 해서 맛있는 것 먹고 싶으니 오라고 한다. 바다 구경을 하고 싶다며 회를 먹으러 가자고 한다. 할머니는 넓은 바다를 좋아한다. 이야기를 하다 보면 인생을 달관한 도인과도 같다. 새곡교회를 위해서 틈틈이 기도한다고 한다. 온몸으로 한민족 역사의 아픔을 감당한 할머니는 참으로 인생을 달관하였다. 이제는 죽을 준비를 한다고 한다.

전화 벨소리가 들린다. 할머니의 전화다. "목사님 양반, 바다 구경하러 한 번 가요? 내가 맛있는 거 사드리께. 내가 은혜를 무얼로 갚겠어. 시간 좀 내가 빌릴께요."

스스로 그러함과 그러하지 못하고 조급한 사람들

내가 오곡리를 처음 찾았을 때는 비가 왔었다. 포장이 되지 않은 바름이 길은 질퍽거렸다. 황톳길이라서 더욱 미끄러웠다. 차가 한 대 겨우 지나갈 수 있는 길은 구불구불했다. 길옆에 소나무 숲이 더욱 한적함을 드러냈다. 교회 터를 보니 온통 쓰레기더미이다. 먼저 살던 아랫집이 버리고 간 가재도구도 많다. 먼저 할 일이 쓰레기를 치우는 일이고 길을 포장하는 일이었다. 몇 달 동안 쓰레기를 치웠다.

교회 입구 길에는 자갈을 깔았고, 한참 후에는 길에 콘크리트 포장공사를 했다. 장화를 차에 가지고 다니면서 신발을 바꿔 신었는데 이제는 아스팔트 길이어서 걷지도 않고 차만 타고 다닌다. 걷는 여유와 즐거움을 어느새 버렸다. 그래도 한적한 이곳 오곡리의 아기자기한 농촌 풍경에 친숙해졌다.

11년 전에 심은 나무들이 자라서 예배당이 보이지 않을 정도가 되었다. 그런데 이곳이 개발된다고 하니 오곡리의 자연들마저도 거부하는 몸짓을 하는 듯하다. 지금까지 자연스럽게 불던 바람도, 편안하게 지저귀던 새들도 부자연스럽게 소리를 내는 듯하다.

오랜만에 오곡리 길을 걸어본다. 신작로에는 현수막이 걸렸다. "테크노폴리스 개발 결사반대". 엊그제는 군청에서 주관하는 설명회를 마을주민들이 입구부터 쇠사슬로 얽어매어서 출입을 하지 못하도록 했다고 한다. 어떤 사람들은 저 사람들이 보상을 더 많이 받으려고 저런다고 한다. 저런 행동들은 협상하기 위한 수순이라고 한다.

사람들은 자신의 이해관계에 따라서 행동을 한다. 그렇지만 자연은 경제논리 대로 협상을 하지는 않는다. 자연들은 오늘도 우리를 바라보면서 스스로 그러하면서 변치 않고 그 자리에 있다. 자연처럼 자신의 자리를 지킨다는 것은 중요하다. 마찬가지로 나의 삶의 터를 지킨다는 것 또한 중요하다.

대한민국 사람들은 조급함에 익숙해졌다. 자신의 삶의 자리를 묵묵히 지키는 것에 답답함을 느낀다. 세상이 변화를 하니까 나의 자리도 변화를 해야 한다는 강박에 시달리게 된다. 그래서 조급함이 일어나고 급기야는 본질을 훼손하면서까지 변화를 추구한다.

이는 군사정권의 밀어붙이기식 개발정책이 한몫을 했다. 무조건 밀어붙이면서 변화를 시도하면 리더십이 있는 지도자라고 인정을 해버린다. 그렇게 했으니까 후진국 대열에서 벗어나지 않았느냐고 나름대로 논리를 내세운다. 요즘에 대통령 후보를 선정하는 기준도 경제 대통령이어야 한다고 한다. 경제가 최우선이고 경제 외에는 고려의 대상이 되지 않는 듯하다.

성경에는 "사람이 밥으로만 살 수가 없다"고 한다. 사람이 추구하는 목표는 경제가 아니다. 경제는 다만 수단일 뿐이다. 수단을 목표로 설정하는 데서 인간의 비극은 시작된다. 건강한 삶의 질은 경제와 개발에서 이루어지는 것이 아니라 자연과 사람의 정신의 조화로부터 이루어진다. 자연과 조화를 이루기 위해서 선진국들은 엄청난 예산을 쏟아 붓는다. 생명이 존중되고 건강해지는 세상을 이루기 위해서 현대 인간들이 선택한 것은 환경이다. 유엔에서는 환경문제가 최대의 이슈가 되었다.

당진군 군수님은 조급하다. 당진군을 개발하고 변화시켜야 된다는 강박에 나쁜 선택들을 하고 있다. 지방자치 수장의 선택은 자신에게만 문제가 되는 것이 아니라 군민 전체에 문제가 된다는 사실을 알아차려야 한다. 자신의 욕심이 자신만 해치지 않고 남을 해치게 된다. 자신의 정치적인 진보를 위하여 군민의 삶의 질을 떨어지게 한다면 아니한만 못한 꼴이 되고 만다.

당진군은 천혜의 자원인 바다를 홀대하고 개발을 함으로써 대지 전체가 병들어 가고 있다. 생태계의 자정 능력은 농업 부문이 큰 역할을 하고 있다. 바다와 육지의 아름다운 조화로 오랜 세월 동안 스스로 그러하면서 자연은 그 자리를 지켜 왔다. 그런데 인간들의 욕심과 정치가들의 잘못된 선택으로 군 전체가 자정 능력을 상실하면서 앓고 있다.

아픈 사람에게는 빨리 병의 원인을 찾아서 치료함이 시급하다. 그런데 치료보다는 더 맛있는 빵을 먹으라면서 힘으로 밀어붙이면 그 빵을 먹고 체하고 만다. 뿐만 아니라 편안하고 행복하기보다는 불안해 하고 도망치고 싶어 한다. 당진 군민들이 앞으로 사람 살 곳이 못 된다면서 지역을 떠난다면 누구를 소환해서 항의

할 수가 있을까?

당진군 송악면 오곡리, 부곡리, 복운리, 중흥리에는 테크노폴리스라는 이상한 용어 때문에 주민들은 불안해 하고 걱정을 하면서 혼란스러워하고 있다. 자신들의 생계 문제가 먼저 걱정이 되면서도 당진군을 사랑하는 마음으로 더욱 염려를 하고 있다. 이제는 경제를 내세우면서 개발만이 최선이라는 착각에서 빠져나와야 한다.

당진군의 주인은 군민이다. 건강한 지역, 좋은 환경, 행복의 추구권이 보장되는 지역을 만들기 위해서 지혜를 모아야 한다. 다양한 계층의 전문가들과 주민들이 머리를 맞대고 자신들의 행복을 위하여, 자연과 사람의 조화를 통한 건강한 사회 공동체를 위하여 소통을 하여야 한다. 그러한 마당의 멍석을 환경단체가 깔아 주었으면 한다.

놀이하는 인간은 행복하다

나는 어릴 적부터 놀이하기를 좋아했다. 성격은 내향적이라서 내가 주도하기보다는 함께 어울리면서 놀았다. 내가 어릴 때에는 60년대이기에 전통 놀이였다. 자주 한 놀이들은 자치기, 구슬치기, 딱지치기, 사방놀이, 제기차기, 다방구, 물방구, 술래잡기, 무궁화 꽃이 피었습니다, 말뚝박기 등. 이러한 놀이를 반복적으로 했다. 그래도 지겹지가 않고 할수록 재미가 있었다.

내가 초등학교 3학년 때에 서울로 이사를 갔다. 이때에 나에게 쇼킹한 것은 전기였고, 네온사인이었다. 저녁마다 휘황찬란한 을지로, 청계천의 불빛들을 보러 나갔다. 더욱 쇼킹한 것은 텔레비전이었다. 세운상가가 처음으로 지어졌을 때에 텔레비전 상점이 생기었다. 동리 아이들과 밤마다 세운상가에 가서 몰래 텔레비전을 보았다. 처음으로 보는 신기한 영상들이 우리를 골목 놀이에서 뜸해지게 만들었다. 그래도 다행인 것은 텔레비전이 오후 5시부터 방영을 했기에 그전에는 골목에서 놀아야 했다.

아이들은 놀이를 통해서 많은 것을 배우고 습득하면서 성장하고 행복을 경험한다. 나도 놀이를 통해서 많은 것을 배우고 성장을 했다. 그러면서도 콤플렉스가 있었는데 놀이를 처음부터 주도하지 못하는 것이었다. 이러한 콤플렉스는 청년 시절부터 교회를 다니면서 극복이 되었다. 또한 연대 대학원에서 상담을 공부하면서 놀이치료를 비롯한 예술치료에 대한 관심이 높아졌다.

함께 공부를 하던 어린이집 원장님이 예술치료를 배우러 다니고 있었다. 시간이 부족한 나는 그 원장님에게 개인 지도를 받았다. 당진에서 과천까지 다니면서 배웠다. 놀이치료실을 꾸며 놓고 아이들을 치료하는 임상을 시작하게 되었는데 얼마 가지 않아서 그 원장님은 공부를 더 하겠다면서 캐나다로 가버렸다. 나는 갑자기 아이들만 쳐다보고 있어야 했다. 아이들의 심리를 알아야겠다는 생각에 유아와 아동에 대한 책을 계속 읽었다. 대상관계 심리학을 공부하면서 아이들의 심리치료에 전문적인 지식을 쌓았다.

당진군 문화의집에서 아이들에게 미술치료를 해왔다. 그런데 어떤 아이들에게는 놀이를 통한 정서치료가 필요했다. 놀이치료 세팅이 되어 있는 공간이 없어서, 마당이나 넓은 강당에서 전통 놀이를 하면서 정서치료를 했다. 이러한 치료 방법이 있다는 사실을 알게 되었다. 치료놀이theraplay를 공부하기 시작했다. 놀이치료와 치료놀이는 서로의 단점을 보완하는 좋은 치료 방법이다.

내가 아동심리치료에 좋은 임상의 장을 만난 곳이 충남 아동학대예방센터이다. 이곳에 자원봉사자로 등록을 하고는 아이들과 만남의 장을 만들어 갔다. 나는 아이들과 모래놀이치료, 미술치료, 놀이치료를 하고 있다. 심리치료의 이론을 현장화하는 치료의 장이 있다는 것은 개인적으로 행운이다. 당진에서 천안까지의 거리가 멀지만 한 번도 멀게 느껴지지 않을 정도로 관심이 많고 기대도 많다.

아이들이 건강한 정서로 회복이 되는 모습을 보면 기쁘고 감사하게 된다. 요즘에 두 아이를 치료하고 있다. 치료 효과기 더디기는 하지만 정서적인 건강이 회복되는 아이들을 보면 반갑고 행복해진다. 좀처럼 말을 하지 않는 아이도 이제 놀이를 하면서 이야기를 한다. 감정을 늘 억압만 하던 아이가 이제는 감정을 표출한다. 어저께는 억압된 공격성을 표출하면서 신이 났었다.

나의 작은 애씀이 아이에게는 엄청난 변화와 성장을 이루어낸다. 그 아이가 건강하게 성장을 해서 또 많은 아이나 사람들을 변화시키고 성장을 하게 할 것이다. 오늘도 아동센터의 치료방에서는 우주에까지 펼쳐지는 나비 효과가 일어나고 있다.

우리 청소년들의 자화상

학생들이 기말고사를 마치고 방학을 맞이했다. 시험은 하나님도 어쩔 수가 없다. 학생들에게 '행복은 성적순이 아니잖아요?' 라고 말을 하지만 성적은 생존의 문제이다. 성적 때문에 부모와 학생들은 엄청난 스트레스를 받는다. 한 어머니는 아이의 성적을 알고는 휴직을 해야겠다고 한다. 한 학생은 어머니에게 기말고사 성적에 대해서 문제를 삼으면 가출을 하겠다고 으름장을 놓았단다.

시험문제를 출제하는 교사들도 마음고생을 한다. 어떠한 문제를 내야 학생들의 실력을 정확하게 평가를 할 수가 있을까라는 고민이 있다. 학생들은 문제가 너무나 어렵다고 불만이다. 공부 스트레스를 벗어나려는 아이들은 여러 가지 방법을 시도한다. 또래들끼리 정보를 주고받으면서 시도를 한다. 그들은 인터넷이라는 가상의 세계 속에 들어가서 현실을 도피하려고 한다. 집에서 인터넷을 하지 못하게 하니 피씨방으로 간다.

중학생 한 아이는 전부터 엄마에게 엠피쓰리를 사달라고 했단다. 지금 가지고 있는 것은 몇 년이 된 것이라서 성능이 많이 떨어진다면서 불만이었다. 이번 학기가 끝나면 사주기로 약속을 했는데 기말시험을 잘못 보아서 성적이 떨어졌단다. 엄마가 화가 나서 엠피쓰리를 사줄 수가 없다고 하니까 아이는 화가 나서 소리를 지르고 휴대전화를 집어던졌다고 한다. 엄마에게 반항을 하는 자식이 더 괘씸해서 말도 하지 않고 있다고 한다. 어떻게 하면 좋으냐고 묻는다.

아이와 약속을 하였으니까 엠피쓰리를 사주고는 방학계획을 함께 세우면서 이야기를 하라고 했다. 아이가 학습에 동기를 상실한 이유는 자신의 진로에 대한 확신이 흔들려서 그럴 수가 있으니 진로에 대해서도 이야기를 진지하게 하라고 했다. 일주일 후에 어머니는 그렇게 하니 아이가 좋아했다고 한다.

청소년들은 공부 때문에 스트레스를 많이 받는다. 청소년들에게 잠재적인 능력을 일찍 발견할 수 있게 해서 성장을 도모해야 한다. 그런데 부모와 아이들은 성적 때문에 천국과 지옥을 오르내린다. 아이들은 정서적으로 건강하지 못한 채로 성장을 한다. 청소년들의 생활을 보면 심각할 정도로 문제를 가지고 있다. 우리 아이는 절대로 문제아가 아니에요, 초등학교 때도 얼마나 착했는데요, 라고 충격을 받는 부모님들이 늘어나고 있다.

이제는 초등학생들도 성sex적인 문제를 일으킨다. 인터넷의 역기능이기도 하다. 성적으로 너무나 많이 노출된 우리 사회는 청소년들에게 왜곡된 성 문화를 경험하게 하고 건강하지 못한 성 인지로 말미암아서 성적인 문제를 집단으로 일으키는 특징을 보이고 있다.

얼마 전에 대구에서 초등학생들이 성적인 문제를 집단으로 일으켜서 우리를 놀라게 했다. 학교에서는 크고 작은 문제가 매일같이 일어나고 있다. 교사들은 학습연구나 교육보다는 문제를 해결하느라 더 많은 시간을 보낸다. 당진군도 예외는 아니다. 우리가 모르는 사이에 청소년들 사이에서는 여러 가지 문제가 발생하고 있다.

이제 여름 방학이 되었다. 방학이라는 황금 시간을 어떻게 보내야 할지에 대해서 부모와 자녀들이 마음을 소통하여야 한다. 2학기 준비도 해야 하고 부족한 부분의 공부도 보충하여야 한다. 그렇지만 무엇보다도 그동안 결여된 전인교육의 측면인 정서적인 건강을 이루기 위한 체험이 필요하다. 오늘도 청소년센터에 가서 여름방학 프로그램을 계획한다. 자원봉사자들과 함께 질적으로 좋은 프로그램을 만들려고 노력을 한다. 청소년들이 좋아하고 유익한 메뉴를 짠다.

당진군 내에 초등학생, 중고등학생들을 위해서 여름방학 프로그램을 준비하는 곳이 많다. 그럼에도 홍보가 부족해서 청소년들과 부모님들이 잘 알지 못하는 경우도 생긴다. 여름방학은 청소년들에게 전인적인 교육을 시킬 수가 있는 소중한 기회이다. 여름방학을 얼마나 알차게 보내느냐에 따라서 2학기의 생활을 건강하게, 만족하게 할 수가 있다. 부모님들은 아이들과 함께 웃으면서 여름방학 계획을 짜기 바란다.

학교 폭력에 병들어 가는 청소년들의 영혼을 어떻게 할 것인가?

얼마 전에 경찰서에서 연락이 왔다. 청소년들 3명이 주민의 신고에 의해서 조서를 받고 있는데 청소년지원센터의 도움이 필요하다고 한다. 아이들을 센터에서 면담을 했다. 아이들은 고등학교 1학년을 중퇴한 상태였다. 당진 지역의 학생이 아니라 경기도에 거주하는 학생들이다. 당진에서는 아르바이트를 하려고 기거를 하고 있었다고 한다. 가출을 하게 된 동기를 물어보았다. 학교의 폭력 서클이 무서워서 멀리 도망을 왔다고 한다.

아이들은 미성년자이기에 가족에게 연락을 하여야 한다. 한 아이의 가족과 연락이 되어서 저녁을 함께 먹으면서 기다리게 되었다. 아이들의 가족 환경과 학교 생활을 어느 정도는 알게 되었다. 중학교 때부터 공부에 흥미를 잃게 되면서 또래들과 어울려서 돌아다니고 노는 일에 더 열중하게 되었다. 학교 내에 존재하는 폭력 서클의 선후배들과의 작은 갈등들이 있었다. 어느 날 친구가 선배들에게 불려 나가서 심한 폭력을 당했다. 현장을 목격한 경찰관도 대충 훈계를 하고는 지나갔다고 한다.

학교 선생님들도 폭력을 자주 사용하는 선배들을 잘 알고 있으면서도 학교에서 큰 문제를 일으키지 않고서 빨리 졸업을 하기만 바라고 있단다. 이 선배들은 사회의 조직폭력과 연계를 하고 있어서 아무도 건드리지 못한다고 한다. 이 선배들에게 잘못 보인 아이들은 학교에 가기가 두려워서 등교를 포기하고는 가출을 하게 되었다고 한다. 가족들은 공부만 하라고 한단다. 이번에 다시 집에 끌려가도 다시 가출을 할 것이라고 한다. 자신들을 그냥 내버려두라고 한다.

이러한 아이들이 경기도에만 있는 것이 아니다. 당진군에서도 비슷한 폭력 문제로 고통을 당하는 청소년들이 있다. 학교 폭력에 고통을 당하는 청소년들은 남자만이 아니다. 요즘에는 여자 아이들 세계에서도 조직적인 집단 폭력이 일어나고 있다. 학교 내에서 일어나고 있는 집단 괴롭힘, 따돌림 등의 폭력이 청소년들의 영혼을 병들게 한다. 올해 들어서 자녀의 집단 괴롭힘과 따돌림의 피해를 호소하는 부모님들의 상담이 늘어나고 있다. 담임선생님이나, 교육청에 상담을 하여도 개선이 되거나 문제 해결이 되지 않아서 답답하다고 한다.

학교에서는 청소년들의 폭력 문제에 대해서 관심을 가지고 예방을 하기 위해서 노력을 하지만 학생들의 기대에는 미흡한 형편이다. 당진군 내에서 몇 년 동안 일어난 학교 폭력 문제를 대처하는 모습을 보면 외부에 알려지지 않도록 입단속을 하기에 급급하다. 집단 성폭행 문제가 일어날 때도 그렇게 했다. 군 내 청소년지원센터에 학생들을 의뢰하면 소문이 나니까 타 지역 청소년 센터에 의뢰를 하기도 했다. 이 사실을 가지고 한 교사는 충남 도청 감사관에 민원을 내서 당진군 청소년지원센터가 역할을 다 하지 못하는 무능한 곳이라고 매도하기도 했다.

학교와 교육청은 청소년들의 폭력 문제에 대해서 능동적인 접근을 하여야 한

다. 사태를 은폐하기보다는 원인을 규명하고 가해자와 피해자 가족들, 학교 당
국, 그리고 교육청과 청소년 단체들과의 연계를 통해서 폭력으로 병들어 가는 청
소년들의 영혼을 치료하는 작업을 하여야 한다.

　당진군이 행복함과 건강함을 줄 수 있는 지역사회가 되기 위해서는 교육환경
과 청소년 복지에 많은 투자를 하여야 할 것이다. 오늘도 보호관찰 대상자인 청
소년들을 면담했다. 청소년들이 행복해지는 나라가 선진국이고 좋은 나라임을
요즘에 절실히 느끼게 된다.

나에게 새곡교회는

노진선(새곡교회 집사)

어린 시절 친구를 따라다녔던 짧은 교회의 생활에서는 재미있는 친구와 선후배들의 만남 속에서 예수님을 배우는 것이라고 생각했었다.

지금 생각해 보니 어렴풋하게도 알지 못하고 제대로 경험도 쌓지 못했던 아쉬운 시간이었다. 그리고 삶의 무게도 예수님과 멀어진 몇 년 동안 누구나 겪긴 하지만 많은 괴로움과 외로움을 이겨내는 방법을 찾지 못해 방황을 했었다. 그 후 결혼을 하면서 시댁의 종교를 자연스럽게 받아들인 나의 신앙생활은 큰 무게 없이 당연한 생활이 되었다. 부끄럽지만 성경말씀을 깊게 배우지도 못했고 내 안의 예수님을 경험하지도 못한 채 출석 체크가 전부인 교인이 된 것이다.

그리고 새곡교회를 만났다. 편안한 마음으로 나를 이끌어 줄 수 있으리라 믿으면서 무한정적인 위안을 받고 싶은 곳이었다. 아마도 이런 이기적인 생각부터 예수님은 나를 시험하신 것 같다. 사람은 누구나 살면서 겪어야 할 많은 것들이 있다. 넘어지고 쓰러지고 상처가 나서 곪고 아물기를 수없이 반복해야 살아낼 수 있는 것이 인생이라는 말처럼 삶은 견뎌내는 것이다. 하지만 그 누가 무어라 해도 나에게만 주어진 것 같은 하늘이 무너지는 고통과 아픔이 하나씩은 있게 마련이지 않을까.

새곡교회와 만난 지 얼마 지나지 않아 아이가 태어났고 아픔이 있었다. 나약한 나의 마음속에 산후 우울증의 고통과 아이의 아픔이 동시에 찾아온 힘든 시간 속에서 목사님의 말씀에서 눈물 한번 닦지 않고 꿋꿋하게 이겨낼 수 있는 힘을 얻는 계기가 되었다.

시련을 원망하고 나약하게 바라보는 것이 아닌 이겨낼 수 있는 지혜를 만들어 내는 기회를 주신 것이라는 믿음이었다. 아이가 겪는 아픔을 위로하면서 조금의 의심도 없이 당연히 병은 치료될 것이라고 믿었고 그 시간 동안 예수님은 나를 강한 엄마로 키우시려고 당근과 채찍을 사용하셨음이라 생각했다. 조금씩 어른이 되고 있다는 것을 깨달으면서 그만큼 신앙도 성장하고 있음을 믿을 수 있었다.

새곡교회에서 나는 충실한 일꾼이 된다는 것에 부족함을 많이 느끼는 교인이다. 어떤 것이 예수님이 바라시는 모습인지를 먼저 고민하면서 선뜻 내 자리를 찾지 못하고 있다. 그런 부족한 나에게 새곡교회는 아직 많은 부분을 배워야 하고 채우길 바랐던 안식처였다.

지금은 이름만 남아버린 아쉽고 안타까운 곳이 되었지만, 초록이 무성했던 때의 마음가짐과 국화 향기가 가득한 차 한 잔 속에서 간직했던 깨달음과 소박하게 쌓인 눈을 치우면서 다스렸던 가슴에 예수님을 새기며 다시 다짐하게 되었다. 그 마음이 계속되길 바란다.

순수하게 믿음에 충실해야 한다고 생각하는 나로선 기독교 단체에 대한 현실적인 문제도 권력과 힘에 대한 문제도 너무나 어려운 부분이다. 다만 주께서 늘 시련과 함께 이겨낼 수 있는 지혜를 주시듯 새롭게 이겨낼 수 있는 지혜와 강한 힘을 주실 것을 믿는다.

목사님께서 미숙한 부분만 보이는 나의 생활에서도 행복의 가치를 가르쳐 주고 인생의 가치를 일깨워 주셨듯이 새로운 호산나교회에서도 많은 사랑을 베푸실 목사님을 기대한다.

그리고 하나님의 은혜를 기대한다.

파이팅 목사님!

새곡교회, 다시 별똥별로

대한예수교장로회 충남노회

Chung Nam Presbytery The Presbyterian Church of Korea

340-904 충남 예산군 삽교읍 신리 355-13　☎ (041) 338-4661,2　Fax 338-4663
노회 홈페이지 주소 :　www.cmpck.org　　E-Mail : cnpck@cnpck.org

교회설립예배 확인서

충남노회 증 제 116회- 033 호

주　　소 : 충남 당진군 송악면 오곡리224-4

교 회 명 : 대한예수교장로회 새곡교회

용　　도 : 행정관서 제출용

위 교회는 본 대한예수교장로회 충남노회 소속교회

아래와 같이 설립하였음을 확인함

교　　회	노회회기	기　간	비　교
새곡기도처 교회설립 청원허락	113회	2005년 10월 25일	
새곡교회 교회설립예배		2005년 11월 23일	

2007년　5월　23일

대한예수교장로회 충남노회

노회장 : 한 성 수 목사

대한예수교장로회 새문안교회

수 신 : 충남 당진군 송악면 오곡리 224-4
　　　　대한예수교장로회 새곡교회 김남철 목사

제 목 : 2007가단5061 건물명도 건

1. 대전지방법원 서산지원에서 2008. 4. 1. 화해권고 결정한 2007가단
　 5061 건물명도 건입니다.
2. 당 교회는 위 판결에 따라 금 40,000,000원을 2008. 5. 31.지급코자
　 하니 소송 목적물을 명도하여 주시기 바랍니다.
3. 위 기일내에 동 금원을 수령치 않고 소송목적물을 명도하지 않을 경우
　 당 교회는 법에 정한 절차에 따라 명도 집행할 것이니 그리 아시기 바랍
　 니다.

　　　　　　　　　　　　　　　　　　　　　2008. 5. 19.

　　　　　　　　　　서울. 종로구 신문로 1가 42
　　　　　　　　　　대한예수교장로회 새문안교회
　　　　　　　　　　담임목사 이 수 영
　　　　　　　　　　서무부장 이 덕 실 장로

〈새곡교회 민사 소송사건 경위서〉

1. 1995년 12월 21일 : 새곡교회 창립예배
2. 1996년 7월 29일 : 새곡교회 건축예배
3. 1998년 3월 : 새문안교회와 충남노회 유지재단 간의 사용대차계약 체결(새곡교회 부지 1400평 중에 740평을 무상사용. 교회설립할 때에 유지재단에 740평을 기증키로 함)
4. 2002년 4월 : 새문안교회 선교부가 새곡교회 사택을 비우라는 내용증명을 보내옴
5. 2005년 11월 23일 : 새곡교회 설립예배
6. 2007년 2월 : 새문안교회 선교부가 새곡교회를 방문하여서 교회 이전을 요구함. 이전을 하지 않을 경우에 민사 소송을 하겠다고 통보를 함. 교회 이전 비용을 지불하겠다면서 김남철 목사의 의사를 서신으로 통보 요청함
7. 2007년 2월 26일 : 새문안교회 선교부장 앞으로 교회 이전비용으로 4천만 원을 지불해주면 교회 이전을 할 수도 있음을 통보(새문안교회 선교부에서 교인들 동의서를 받아서 제출하라고 함, 제직회를 열어서 교인들과 회의를 하겠다고 답변)
8. 2007년 4월 1일 : 새곡교회 제직회에서 교회 이전 거부를 결의함. 새문안교회에 통보함
9. 2007년 5월 4일 : 새문안교회가 새곡교회와 김남철 목사 상대로 민사 소송을 제기함(건물명도 청구의 소, 새곡교회 부지를 새문안교회가 청소년 수련관부지로 사용하기로 당회가 결의함)
10. 2007년 5월 27일 : 새곡교회 성도 27명의 연서로 새곡교회 부지를 노회 유지재단에 가입해 달라는 청원서를 새문안교회 당회장에게 발송
11. 2007년 6월 11일 : 김남철 목사가 충남 노회장에게 새곡교회 피소 건에 대해서 노회의 조치를 요청하는 서신을 보냄
12. 2007년 6월 26일 : 새문안교회가 노회 유지재단에게 사용대차 계약해지 통보
13. 2007년 7월 27일 : 노회 유지재단이 새문안교회에 계약해지 불가함을 통보

※ 새문안교회가 소송한 새곡교회 건물명도 청구의 소장에 대한 답변

답변인: 김남철(새곡교회 담임목사)
        http://www.saegog.or.kr

새문안 교회가 제시한 청구원인 :

4번 – 피고 김남철 목사가 목회와 전도에 전념하지 아니한 채 이를 게으르게 함으로써 개척 6년이 넘도록 교인 수가 5~6명에 불과하다.(현재도 출석 교인은 10명 내외이다.)

답변 : 1995년 12월 21일에 개척예배를 드렸다. 건물이 지어지지 않아서 텐트를 치고 예배를 드렸다. 교회 개척지는 충남 당진군 송악면 오곡리 산 3-1번지였다. 현재는 오곡리 224-4이다. 이 교회 부지는 새문안교회 성도가 교회 개척을 조건부로 1400평을 기증한 곳이다.

오곡리는 90호 정도가 있는 작은 농촌 마을이다. 농가의 주민들의 종교 분포도는 유교와 불교였다. 주변의 마을에는 교회가 다 있지만 오곡리만큼은 교회가 없었다. 그래서 교회가 세워지는 것에 하나님의 섭리가 있다고 믿었다. 도로가 포장이 되지 않고 교회 진입로도 제대로 되어 있지 않아서 교회 공사를 하는데 애를 많이 먹었다. 새문안교회 선교부가 교회 건축 공사를 맡긴 건축 업주가 약속을 지키지 않고 공사를 중단하는 바람에 3개월 안에 완공한다던 공사가 1년 6개월이 걸려서야 완공이 되었다.

물품을 납품한 업자들이 돈을 달라면서 행패를 부리는 난동을 자주하여서 본인은 고통을 많이 당했다. 새문안교회 선교부는 건축업자가 기일을 지키지 않아 계약 위반을 했다는 이유를 내세워서 건축비를 지불하지 않았다. 그래서 중간 역할을 하던 본인은 업주들에게 2년간 엄청난 정신적 고통을 당해 왔다.

그러한 어려움 중에도 전도를 해서 교회 등록을 했고 성도들이 예배를 드리며 신앙생활을 할 수 있도록 지도를 했다. 1997년도부터 새문안교회 선교부에 선교 보고를 매달 했다. 선교 보고서를 자료로 제출을 할 수가 있다. 교인 수는 1997년도에 평균 장년부 13명, 학생회 3명, 아동부 23명이었다. 이 인원수는 새문안 선교부가 보고를 받고 현장 확인을 한 사실이다. 실제로 선교부가 주일예배에 참석을 하기도 했다. 이러한 교인 수 통계는 노회에 제출한 통계표를 통해서도 증명이 된다.

2002년도 봄 노회에 교회 설립 청원을 했다. 세례교인이 20명이 넘기 때문에 교회 설립 청

원을 했다. 그런데 새문안교회 선교부와 당회는 새곡교회 설립을 반대했다. 충남노회 임원들에게 부탁을 해서 교회 설립을 하지 못하도록 해달라고 부탁을 하기도 했다.

그 이유는 충남노회 유지재단과 맺은 임대차 계약서에 따르면 새곡교회가 교회 설립을 할 때에 종교 부지를 노회 유지재단에 등기 이전을 하기로 되어 있다. 그 전까지는 무상으로 임대하여서 새곡교회가 부지와 건물을 사용하도록 되어 있다. 내용은 계약서를 참조하면 된다.

종교 부지로 임대차 계약을 맺은 부지는 1400평 중에서 740평 정도이다. 교회 개척 조건으로 기증 받은 땅 1400평을 충남노회 유지재단에 등기 이전을 하지 않으려고 740평만을 충남노회 유지재단과 계약을 맺었다. 그런데 교회 설립을 하려고 하니까 그 740평도 등기 이전을 하지 않기 위해서 교회 설립을 못하도록 했다. 그래서 새곡교회는 노회에서 교회 설립이 통과되었음에도 불구하고 노회 임원진이 설립 예배를 드리지 않아서 기도처로 있을 수밖에 없었다.

결국에 2005년 봄 노회에서 새곡교회 설립 예배를 드릴 것을 노회에서 통과되었고 2005년 봄에 교회 설립 예배를 드리게 되었다. 그래서 충남노회 교회가 되었다. 교인 통계는 1997년부터 2007년 지금까지 세례교인 20명이 넘는다.

5번 – 피고 목사는 불법으로 점거하고 있는 이건 주택과 교회 건물을 소유자인 원고에게 명도할 의무가 있습니다.

답변 : 새곡교회는 불법으로 점거하고 있는 것이 아니다. 새문안교회와 충남노회 유지재단이 맺은 임대차 계약서는 아직도 법률적으로 효력을 지니고 있다. 계약자 쌍방이 계약 해지에 합의를 하지 않은 상태이다. 원고는 충남노회 유지재단에 계약해지 통보를 하지도 않았고, 충남노회 유지재단 측에서는 계약 해지를 원하지도 않고 있다. 원고가 계약 이행을 하도록 2년 전에 충남노회가 공문으로 요청을 하였었다. 이 공문에 대한 답변도 없는 상태이다.

때문에 새곡교회는 교회 건물과 주택을 새문안교회로 명도할 의무가 없다. 오히려 새문안교회가 교회 부지와 건물을 충남노회 유지재단에 등기 이전을 하여야 할 의무가 있다.

※ 농촌 교회인 새곡교회는 폐쇄되어야 하는가?

새문안교회 당회에 질문을 한다.

1. 교회가 부흥이 되지 않는다고, 교회로써 전망이 없다는 이유로 농촌 교회는 폐쇄되어야
   하나님의 뜻일까?

2. 새문안교회는 한국 교회의 어머니 교회라고 자부를 한다. 소장에도 그렇게 소개를 하
   고 있다. 힘이 없고, 부족한 자식이라고 죽여버리는 어머니가 온전한 어머니라고 할 수
   가 있을까?

3. 새곡교회의 성도들의 의사를 존중하지도 않고서, 교회로써 전망이 없으니까, 청소년
   훈련원을 지어야겠다는 계획을 세우는 것이 하나님이 기뻐하시는 것이라고 새문안교
   회 당회는 확신을 하고 있는가?

4. 잃어버린 한 마리의 양을 찾아나서는 목자의 심정으로 목회를 하는 농촌 교회 목사는
   목회를 하지 말아야 하는가?

새문안교회의 새곡교회 건물명도 소송 건에 대한 법원제출 자료

1. 새곡교회의 김남철 목사는 새문안교회가 파송한 목사가 아니라 충남노회가 1998년
4월 전도 목사로 파송하였습니다.
(총회 헌법 제2편, 정치 제5장, 목사 제27조, 목사의 칭호 4번 참조)

새곡교회의 역사를 살펴보면 1995년 12월 21일 개척예배를 드림으로써 기도처로 선교를
시작하였습니다. 새곡교회는 새문안교회 성도가 교회 개척을 하라고 기증한 1400평의
대지 위에 세워졌습니다.
　새문안교회 당회는 김남철 목사가 새곡교회를 개척하여 시무할 수 있도록 허락을 하였
습니다. 김남철 목사는 1995년 10월부터 새곡교회 부지에 이사를 와서 교회 건축과 함께
개척교회를 시작했습니다.

새문안교회는 새곡교회 선교비로 매월 1,000,000원을 후원하기로 하고 후원을 2001년까지 해주었습니다.

김남철 목사는 새문안교회와 노회 유지재단과의 임대차계약을 맺기 전까지는 서울 강남노회 소속의 무임목사로 있었습니다. 새곡교회는 어떤 노회에도 가입을 하지 않고 있었습니다.

1998년 4월에 충남노회가 김남철 목사를 전도목사로 파송을 함으로써 교회는 충남노회 소속의 교회(기도처)가 되었습니다.

목사는 총회 헌법상 노회의 파송을 받게 되어 있습니다.

2. 새곡교회의 지교회 설립은 새문안교회의 당회 허락을 받아야 할 수 있는 것이 아니라 새곡 기도처의 공동예배로 모이는 세례교인(입교인) 20인 이상이 있어 노회에 청원하여 허락을 받아 설립하는 것입니다.

새곡교회는 총회 헌법상의 절차에 따라서 충남노회의 허락을 받아 교회 설립을 하였습니다. 2005년 11월 23일 교회 설립이 되었습니다.

(총회 헌법 제2편, 정치, 제2장, 교회, 제10조, 지교회의 설립 참조)

청원서

충남 노회장님 귀하

주님의 은총이 섬기시는 교회와 노회에 함께 하기를 기도합니다. 충남노회 지교회인 새곡교회가 어려움을 당하고 있습니다. 새문안교회 당회에서 2007년 4월에 새곡교회를 폐쇄하고 이곳에 청소년 수련관을 짓겠다고 결의를 했습니다. 그리고 교회가 점유하고 있는 부동산을 반환하라고 민사 소송을 걸었습니다.

이에 대해서 새곡교회 성도들은 황당해하여서 새문안교회 담임목사 앞으로 성도 일동의 이름으로 서명 날인을 해서 새곡교회 부동산을 충남노회 유지재단에 등기 이전을 해달라는 청원서를 보냈습니다.

1998년도에 충남노회 유지재단과 새문안교회가 체결한 사용대차계약을 이행하지 않고 있던 새문안교회가 교회법을 무시하고 농촌 교회를 폐쇄하려고 합니다. 새곡교회는 무상임대차계약서의 근거로 노회의 허락 하에 교회의 사명을 감당하고 있습니다. 새문안교회 당회는 충남노회와이 아무런 합의도 없이 일방적으로 새곡교회 자리에 청소년 수련관을 짓겠다면서 교회 폐쇄를 결의하였습니다.

새곡교회는 충남노회로부터 교회 설립을 허락받은 교회입니다. 교회 헌법에 따라서 합당하게 설립되고 존속되어 온 교회입니다. 이러한 새곡교회가 새문안교회의 소송에 의한 피고인으로 어려움을 당하고 있습니다. 노회에서 지교회가 이 문제에서 해결받을 수 있도록 신속한 조치를 취해 주시기를 간곡히 청원합니다.

2007년 6월 11일
새곡교회 담임목사 김남철 올림

새문안교회 당회장 귀하

주님의 은총이 새문안교회에 늘 함께 하기를 기도하면서 아래와 같이 청원을 합니다.

새곡교회는 주님의 뜻 안에서 1995년 12월 21일에 오곡리 농촌 마을에 세워졌다고 믿습니다. 성도들이 신앙생활을 하면서 목사님과 함께 복음의 사역을 감당하여 왔습니다.

그런데 새문안교회에서 새곡교회를 폐쇄하고 청소년 수련관을 건립하겠다는 소식을 듣고 저희들은 충격에 휩싸여 있습니다. 이러한 새문안교회 당회의 결정은 주님의 뜻을 거역하는 것이라고 확신합니다. 청소년 수련관이 필요하면 적당한 부지를 준비하여서 건립을 하면 주님께 더 영광을 돌리는 것이라고 생각합니다.

성도가 교회 개척을 하는 조건으로 교회 부지 1400평을 기증하였고 그 터 위에 주님의 몸된 교회를 세웠습니다. 교회 헌법에 따라서 부동산을 소속 노회 유지재단에 가입해야 한다고 합니다. 한국 교회의 어머니 교회라고 자부하는 새문안교회가 법에 따르지 않고 있다가 교회가 부흥이 되지 않는다는 이유만으로 교회를 폐쇄한다는 것은 있을 수 없는 일입니다. 지금 새곡교회는 세례교인 20명이 예배를 드리며 신앙생활을 하고 있습니다.

새문안교회 당회는 새곡교회 부지를 충남노회 유지재단에 속히 가입시켜서 어머니 교회로서의 부끄러움이 없도록 간곡히 청원을 합니다.

2007년 5월 27일

새곡교회 싱도 일동 올림

사진으로 보는 새곡 이야기

01

03

02

04

01, 02, 03, 04
쓰레기장 같던 곳을
치우고 깎고 터를 마련하는 과정

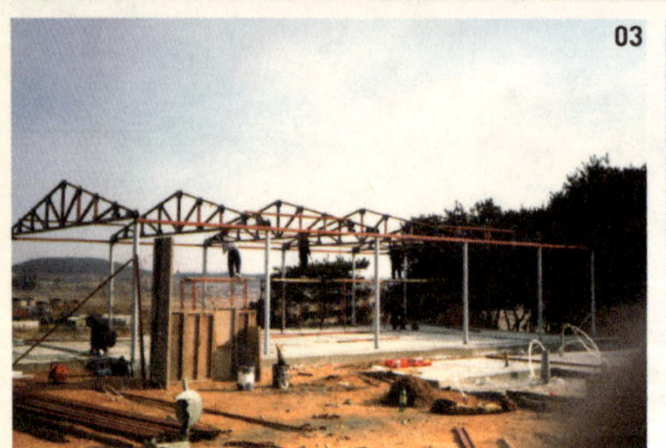

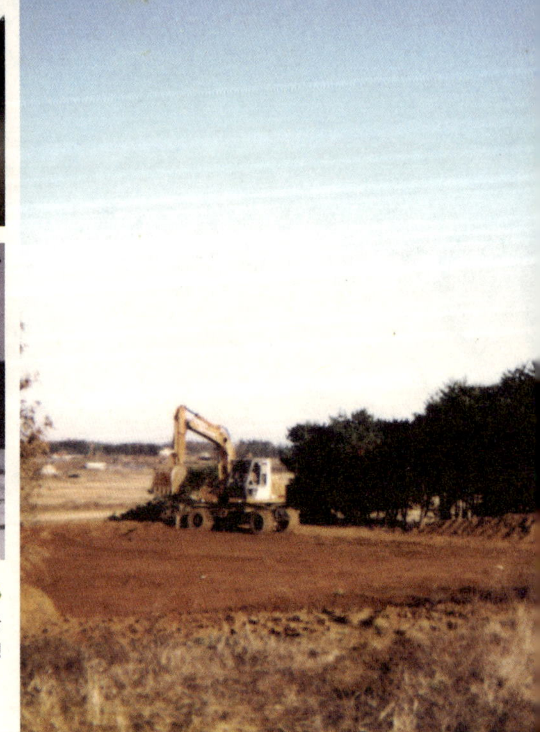

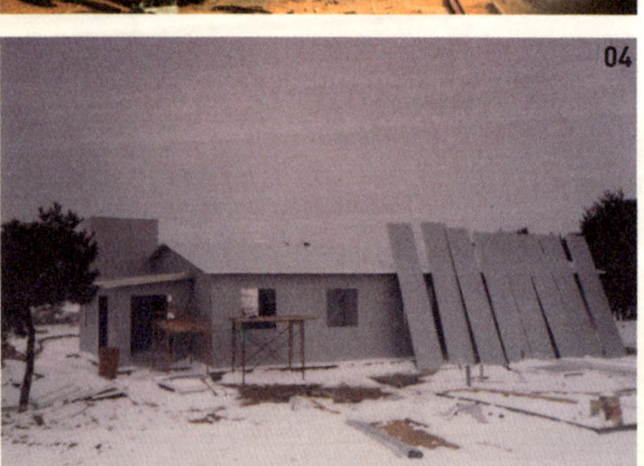

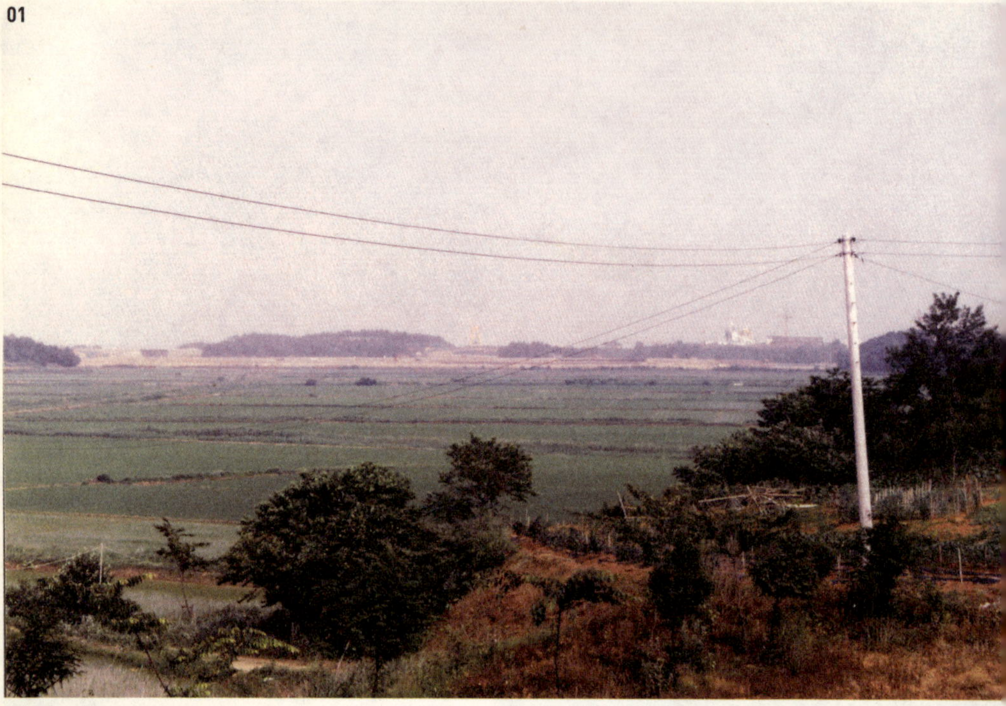

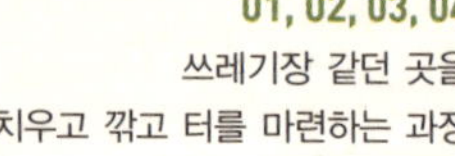

01 새곡교회 이정표
02 새곡교회 헌납 동판
03 형태가 갖추어진 새곡교회
04 오곡리 마을 전경

01 새곡교회 설경
02, 03, 04 새곡교회의 사계절

01 새곡교회 입구
02 기쁘다 구주오셨네! 현수막이 기쁘게 반겨 주었다
03, 04 집중호우로 터 일부가 무더졌다

01, 02 새곡교회 개척헌당예배
03 새문안교회 소식지에 실린 새곡교회 개척 이야기
04 현판식 – 새문안교회 고 김동익 목사님과
장로님들을 모시고

회가 개척한
헌당 여
7. 29 오후 2시

새문안 교회가 개척한
축 새곡교회 헌당 예배
1996. 7. 29 오후 2시

새 문 안
'96 표어 : 구하라 찾으라 두드리라
GUINNESS BOOK
OF RECORDS
'96. 7 · 8월호

대한예수교
장로회
새곡교회

01 부흥 예배
02 추수감사 예배
03 성탄축하 예배

01 봄 성경학교
02 구역 예배
03 등나무 꽃이 핀 사택
04 당진지역 환경운동 대행진

01

02

03

04
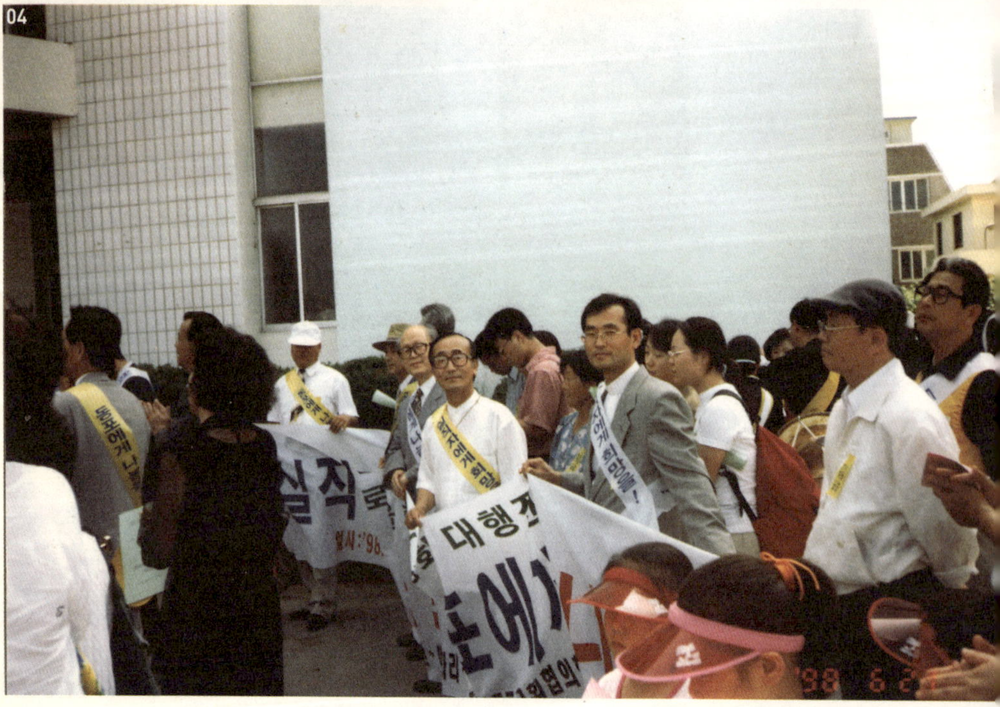

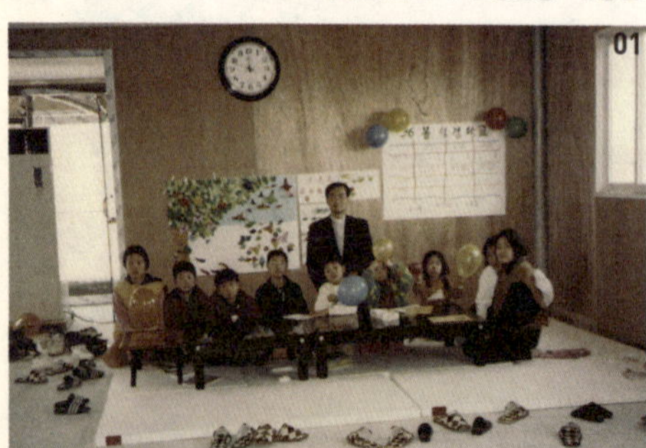

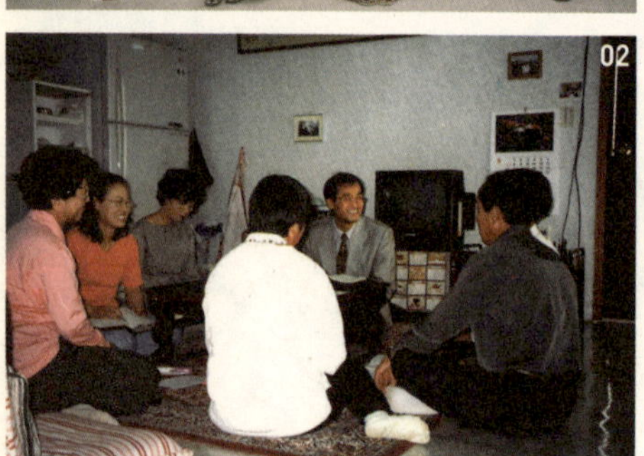

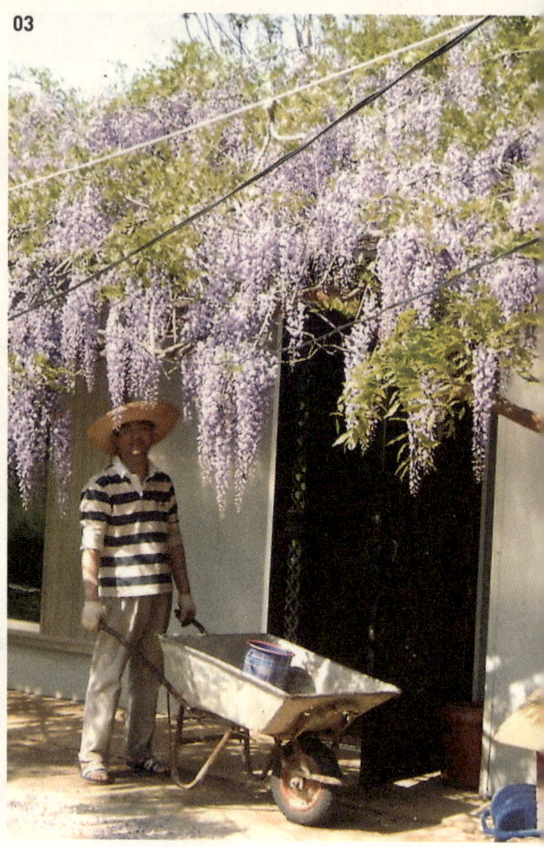

01 새문안교회 대학생부 여름방학 봉사 활동 후
   김동익 목사님과 장로님들과 함께
02 여름캠프 세족식
03 오곡리 마을잔치
04 묘동교회 청년부의 여름성경학교 봉사

01 꿈나무를 심으면서
02 추수 감사절
03 교회 인근 계곡에서 물놀이

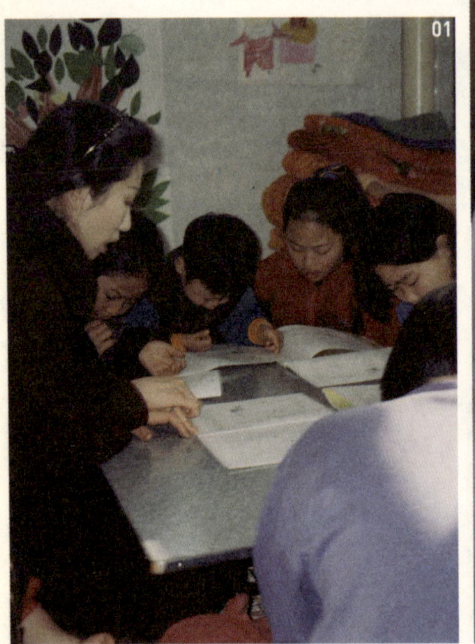

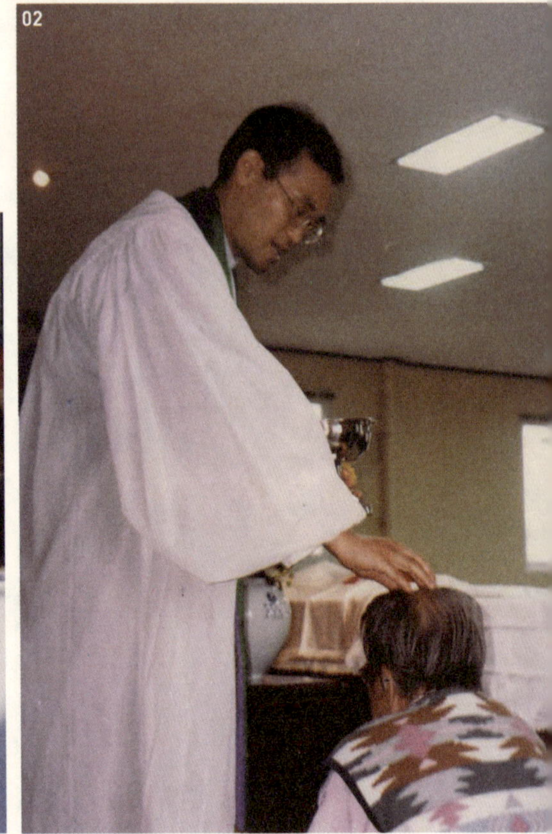

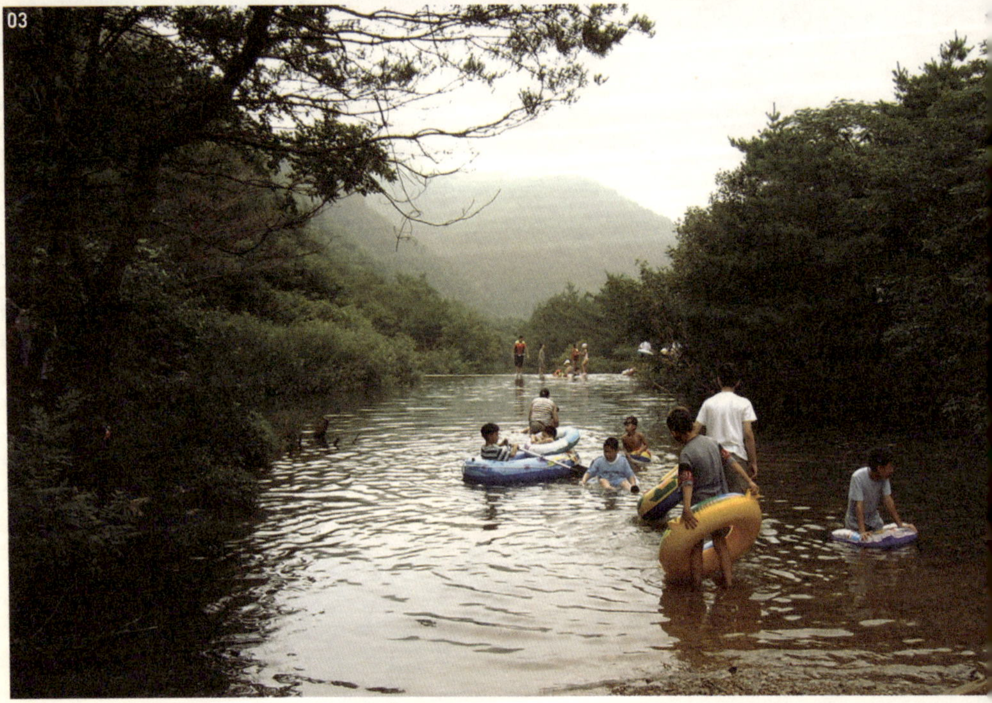

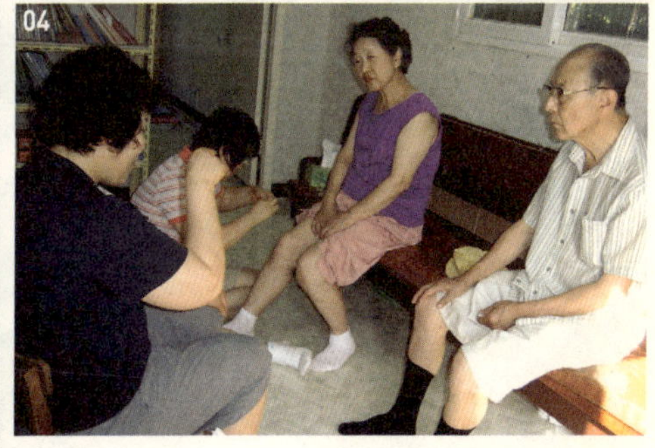

01 어린이 여름성경학교

02 오곡리 경로당 잔치

03 실로암의료선교단의 한방 의료 봉사

04 늘 아픈 농부들

01 신나는 눈썰매장
02 하나님의 대리자
03 어린이날 나들이
04 묘동교회 청년부 오곡리 농촌 봉사 활동

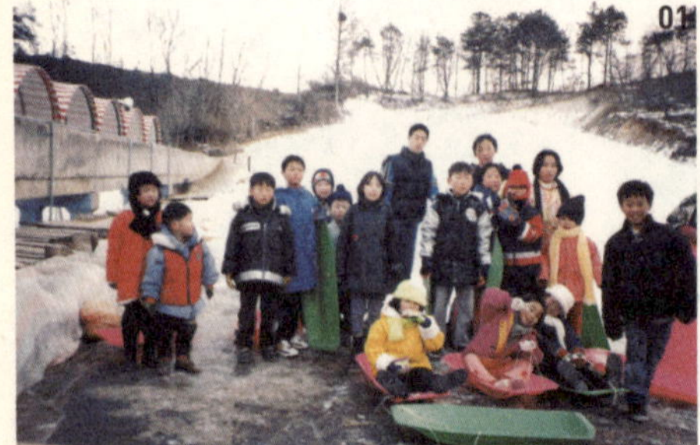

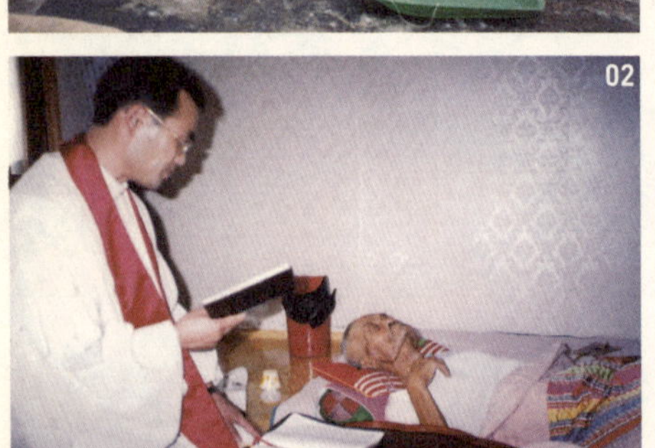

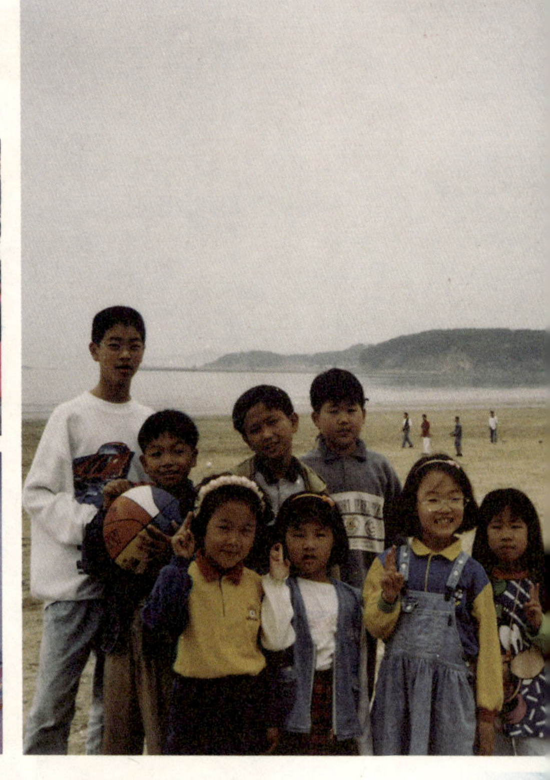

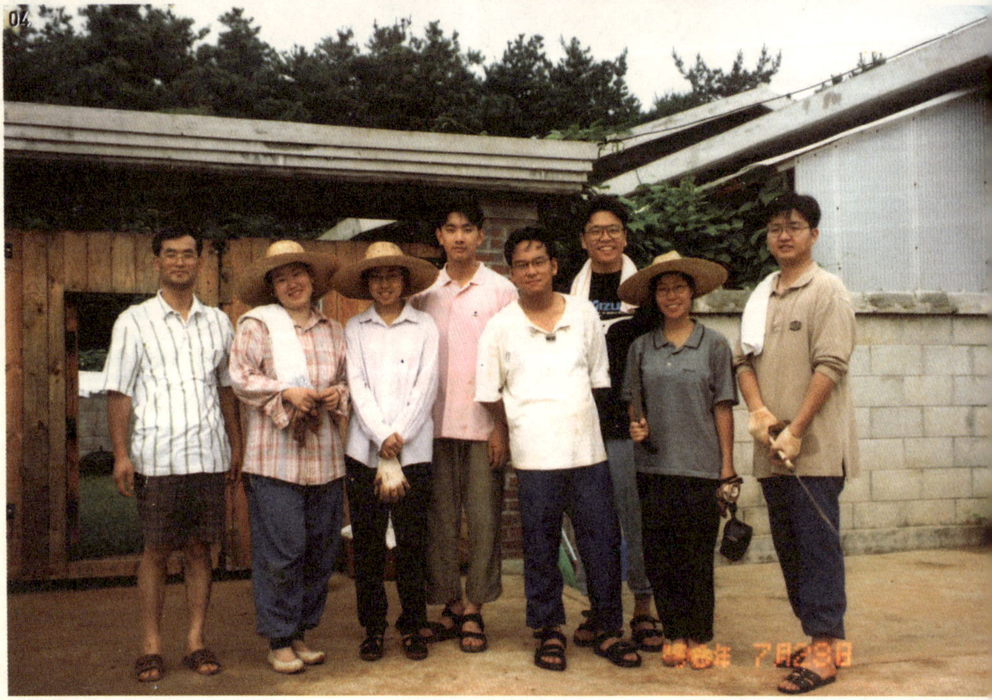

01 청양고추 농장에서
02 새곡 아이들
03 정서교육
04 성탄 동방박사 성극

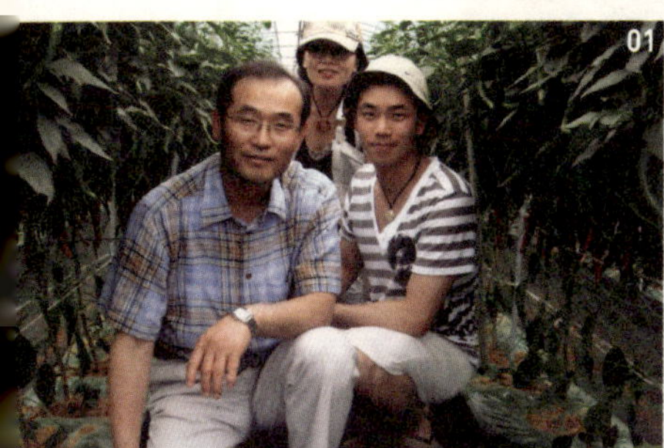

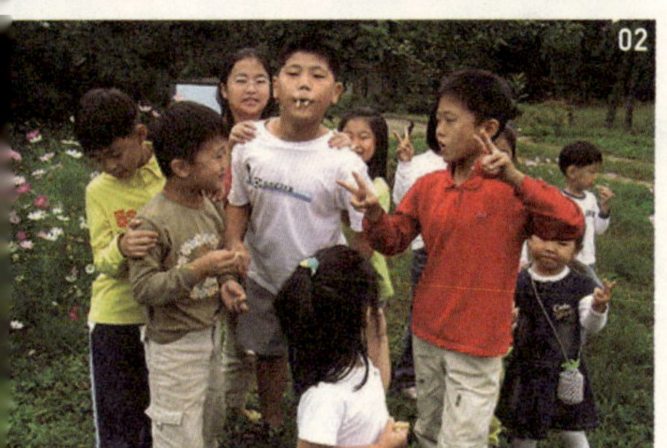

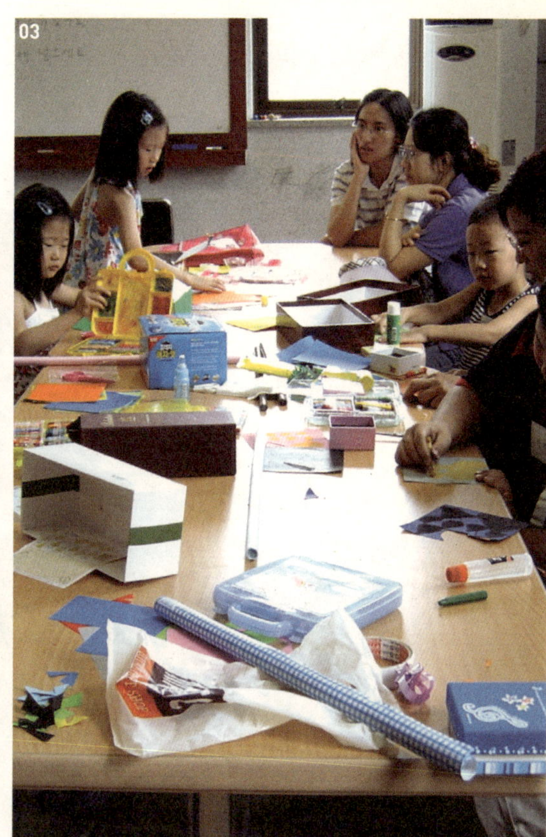

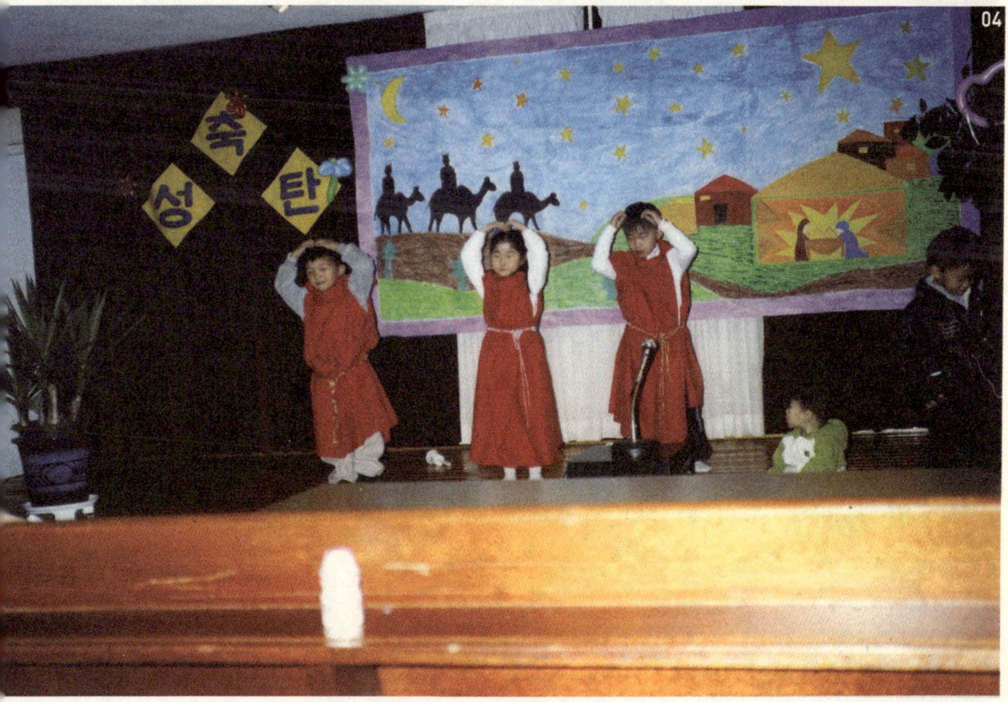

01 봄 야유회
02 새곡교회 중등부
03 밥상공동체

01 여름성경학교 놀이마당
02 새문안교회의 소송으로 출입문이
   쇠사슬로 잠긴 새곡교회
03 묘동교회 의료선교 봉사
   (현재 호산나교회 마을)

01 호산나교회 사택
02 호산나교회 전경
03 호산나교회 주일 예배

02

01

03
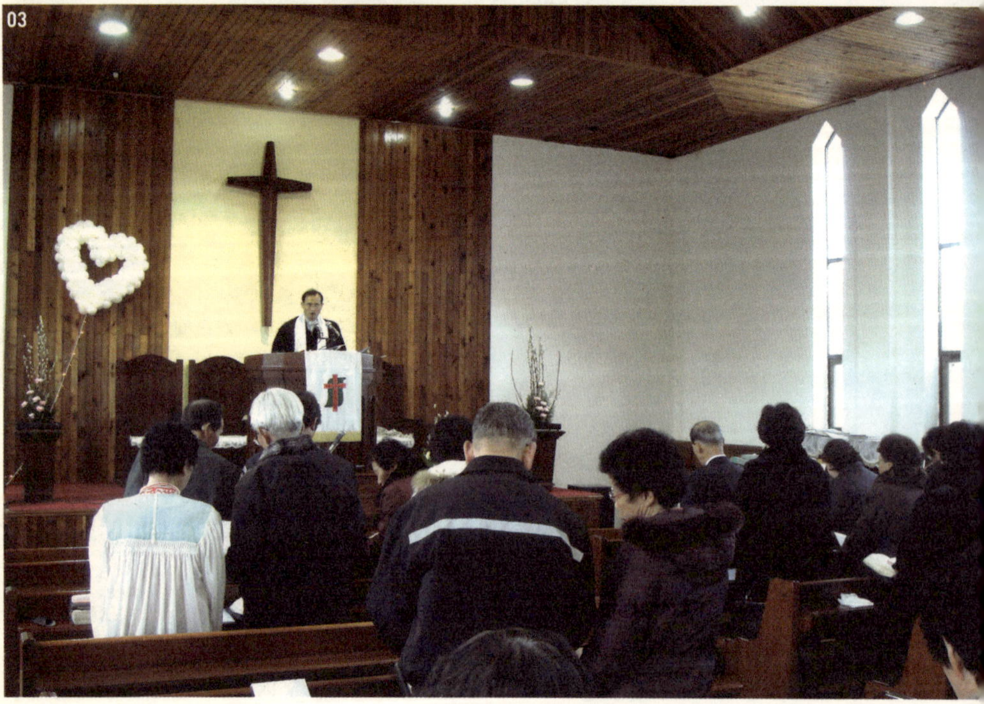

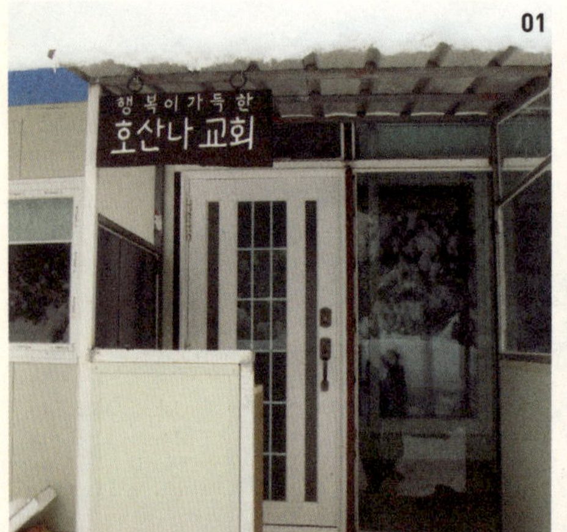

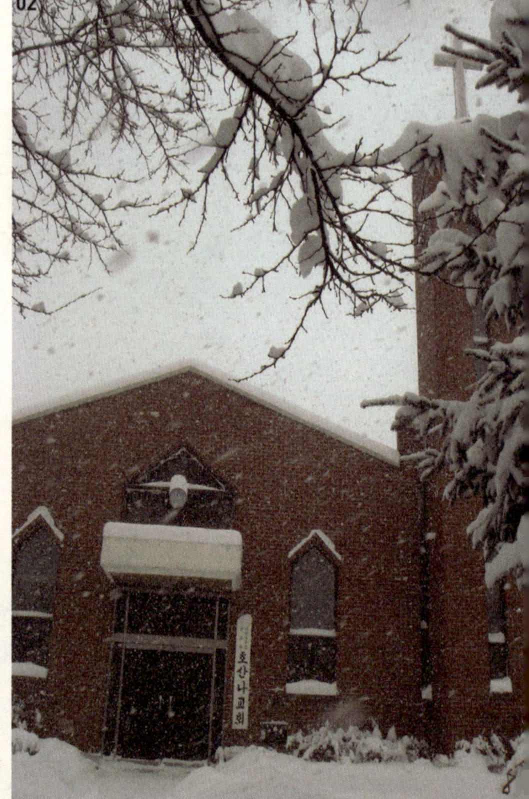